Udo Springer, Jahrgang 1970, absolvierte die Kölner Journalistenschule. Nach Weiterbildung an der Henri-Nannen-Schule und Tätigkeit als freier Autor u. a. für die »FAZ«, »Die Welt« sowie den »Rheinischen Merkur« studiert er nun Kulturmanagement und arbeitet als PR-Texter sowie als youth-consultant – wobei er speziell junge Berufseinsteiger in Sachen Bewerbung berät.

Von Udo Springer sind außerdem erschienen:

Kreative Berufe (Band 83027)
Young (Band 60507)

Originalausgabe Juni 1997

Umschlaggestaltung: Agentur Zero, München
Umschlagabbildung: TCL/Bavaria, Gauting
Satz: Ventura Publisher im Verlag
Druck und Bindung: Ebner Ulm
Printed in Germany
ISBN 3-426-83043-4

5 4 3 2 1

Udo Springer

Die perfekte Bewerbung für jede Branche

Knaur

Ihre Bewerbung in den verschiedenen Arbeitsfeldern

Tips zur einfachen Handhabung dieses Ratgebers: ein kurzes Vorwort zu Idee und Gebrauch

Keine Sorge! An dieser Stelle ist kein lang(weilig)es Vorwort der üblichen Art geplant, sondern nur eine kurze, aber informative Mitteilung darüber, wie man dieses Buch am besten nutzt. Es unterscheidet sich von anderen Bewerbungsratgebern durch ein ganz besonderes Merkmal: die Ordnung nach Branchen. Wenn Sie sich also zum Beispiel in der Werbung versuchen möchten, brauchen Sie nur das gleichnamige Kapitel aufzuschlagen – den Rest des Buches dürfen Sie getrost links liegenlassen. Das gleiche gilt für eine Bewerbung in anderen Berufsfeldern: Außer der Werbung gibt es noch die Kapitel »Medien«, »Banken«, »Dienstleistung und Beratung«, »Industrie und Handel« sowie »Handwerk und Technik« – für jeden »sein« eigenes Kapitel. Denn heutzutage reicht es nicht mehr aus, sich für jeden Job per 08/15-Bewerbung anzubieten: Auf den Schreibtischen der Personalchefs stapeln sich die Bewerbungen – wer nichts Besonderes zu bieten hat, fliegt raus. Das läßt sich vermeiden, wenn man sich an die in diesem Buch vorgestellte Vorgehensweise hält und seine schriftliche und persönliche Vorstellung auf die Gepflogenheiten der Branche abstimmt, in der man sich bewirbt.
Denn eigentlich ist es doch logisch: In einer Bank weht ein anderer Wind als in einer Werbeagentur – also wird sich ein angehender Wertpapierberater anders bewerben als ein Texter oder ein Grafiker. Dieses in sich geschlossene und exakte Vorgehen nach Branche und anvisierter Stellung ist so wichtig wie einmalig und läßt sich trotzdem in keinem anderen Bewer-

bungsratgeber am Markt finden. Dafür gibt es nun dieses Buch, das Ihnen auf diese Weise auch noch einen netten Nebeneffekt einbringt: Sie sparen sich die Zeit, Überflüssiges zu lesen – und können sich ganz auf »Ihr« Kapitel konzentrieren und danach wie nach einem roten Faden vorgehen.

Der *Nachschlage-Charakter*, die *Ordnung nach Branchen*, die *Aktualität* und die *Orientierung am Markt* – darin unterscheidet sich dieses Buch von gängigen Veröffentlichungen vor allem älteren Datums, deren konsequente Anwendung im Bewerbungsverfahren das Aus für jede noch so hoffnungsvolle Karriere wäre: Denn dieser Ratgeber schlägt zum Beispiel garantiert nicht vor, sich mit den einführenden Worten »Das Arbeitsamt hat mich an Sie verwiesen« oder »Im Berufsinformationszentrum sagte man mir, daß ich für den Beruf geeignet wäre« bei einem potentiellen Arbeitgeber zu bewerben – nicht wenige Bewerbungsratgeber tun das erstaunlicherweise. Es wäre besser, wenn der Leser oder die Leserin solcher Tips so ein Buch niemals in die Hände bekommen hätte …
Das Buch, das Sie jetzt lesen, will demgegenüber zeigen, wie wichtig es ist, sich mit Engagement, Kompetenz und manchmal auch ein wenig Pfiff zu bewerben, um sich von den gängigen Massenbewerbungen positiv abzuheben. Es reicht nicht aus, sich hinzusetzen, ein Standardanschreiben plus Lebenslauf zu verfassen und das Ganze dann hundertmal zu kopieren und in alle Welt zu verschicken. Auf dem angespannten Arbeitsmarkt von heute wird nur denjenigen eine Chance zuteil, die sich anstrengen und zeigen, daß sie es wirklich wissen wollen. Dazu gehört für jeden Arbeitnehmer eine maßgeschneiderte Bewerbung, denn nicht alle Unternehmen sind gleich, genausowenig wie alle Menschen. Je persönlicher ein

Unternehmen bzw. der Personalbearbeiter als Vertreter dieses Unternehmens sich angesprochen fühlt, desto wohlwollender und interessierter betrachtet er auch Ihre Bewerbung!
Stellen Sie sich einfach folgende Szene vor: Herr Müller ist in der Fußgängerzone unterwegs und erledigt seine Einkäufe. Hinter ihm ruft jemand laut »Hallo!«. Herr Müller, der inmitten einer Menschenmenge läuft, interessiert sich nicht die Bohne dafür. Dann aber ruft dieser Jemand »Hallo, Herr Müller!« – Herr Müller dreht sich automatisch um (auch wenn es bestimmt noch andere Müllers in der Menschenmenge geben dürfte ...). Eine schlichte persönliche Ansprache bringt ihn zu dieser Reaktion. Genauso ist es mit der Bewerbung: Das heißt nicht nur, daß Sie Ihren Gesprächspartner mit Namen anreden oder anschreiben sollen, sondern auch (und vor allem), daß der angesprochene Unternehmensvertreter sowohl an der Aufmachung als auch am Inhalt Ihrer schriftlichen Bewerbung (und später im Vorstellungsgespräch) merkt, daß Sie speziell an »seinem« Unternehmen interessiert sind. Das geht nur über Information und Überlegung – nicht aber in fünf Minuten Kopierzeit. Wie Sie es genau anstellen sollten, das erfahren Sie in diesem Buch.

Ein weiterer wichtiger Punkt ist die Aktualität: Vielfach wird Bewerbern von heute noch immer geraten, Formalitäten und Floskeln von gestern zu gebrauchen. Was natürlich kaum noch zu halten und in manchen Fällen megaout ist. Unterwerfungsformeln wie »Hochachtungsvoll, Ihr ergebenster ...« oder das zwanghafte Festhalten an Anzug und Krawatte (von seiten alternder Buchautoren) geben das heutige Bewerbungsgeschehen nicht realistisch wieder. Natürlich ist das sehr abhängig von Branche und Betrieb – aber genau zu dieser Einsicht

will Ihnen dieser Ratgeber ja verhelfen: Daß Sie sich eigenverantwortlich bei jeder Bewerbung aufs neue Gedanken machen, bei wem Sie sich eigentlich vorstellen wollen! Heute läuft vieles anders: Bewerber in Jeans und mit lockerer Ausstrahlung sind nicht selten die Gewinnertypen – wenn sie beim richtigen Unternehmen andocken. Wo noch strenge Regeln herrschen (die Sie auch beachten sollten), erfahren Sie ebenfalls in diesem Buch.
Der Trend geht immer mehr weg von der alten Darstellung: Auf der einen Seite das mächtige, autoritäre Unternehmen – auf der anderen Seite der kleine, schüchterne Arbeitnehmer im schlechtsitzenden Anzug. Was unseren Großeltern und zum Teil Eltern noch Angst und Schrecken einjagte, ist heute nur noch eine Lachnummer. Und das ist gut so. Arbeitgeber und Arbeitnehmer bilden mehr und mehr ein Team – jeder will etwas vom anderen, und so kommt man vernünftig zusammen. Das muß natürlich auch ein angehender Angestellter oder Arbeiter des Unternehmens XY wissen: Wenn er sich um eine gleichwertige Partnerschaft mit dem Unternehmen bewirbt, muß er mit seiner Bewerbung auch deutlich machen, was er in das Unternehmen einbringen kann und will – und sollte nicht nur einseitig darauf hoffen, daß das Unternehmen ihm seinen Lohn zahlt und nicht weiter fragen wird … Beide Parteien müssen ihre Karten auf den Tisch legen. Das wurde früher nur vom Unternehmen verlangt. Der Arbeitnehmer bewarb sich als graues Mäuschen. Heute ist der Aufwand größer – dafür aber auch die Chancen. Diese Chancen sollte man auch zu nutzen verstehen: mit einer zeitgemäßen Bewerbung.

Um es mal anders auszudrücken: Sie gehen doch zu einem Rockkonzert auch in anderen Klamotten und mit anderen

Sprüchen als zum sechzigsten Geburtstag Ihrer Schwiegermutter in einem feinen Restaurant, oder? Eine Bewerbung in jungen Branchen, wie es gerade die Wachstumsrenner Medien oder Werbung sind, erfordert deshalb in vielen Punkten andere Vorstellungsmechanismen als die Bewerbung in Berufsfeldern wie Banken oder Handel und Industrie – wenn auch viele Punkte wiederum ähnlich oder gleich sind.
Das sieht man auch den einzelnen Kapiteln dieses Buches an: Ihre Gestaltung ähnelt sich, und manches (die Grundlagen) findet man in jedem Kapitel wieder, aber die branchenspezifischen Eigenheiten sind jedesmal anders. Ausgelassen wurde der öffentliche Dienst in allen Bereichen, da hier andere Bewerbungsmechanismen herrschen: Egal, ob jemand Arzt, Lehrer oder Bahnschaffner werden will – im öffentlichen Dienst wird nach bestimmten Vergaberichtlinien gearbeitet, die eine Bewerbungsleistung nicht oder kaum berücksichtigen, im Gegensatz zur Privatwirtschaft, deren Arbeitsfelder hier dargestellt sind.
Mit diesem Buch haben Sie einen praktischen Leitfaden, den Sie neben sich liegen haben können, wenn Sie Ihre Bewerbung für ein oder mehrere Unternehmen angehen. »Die perfekte Bewerbung für jede Branche« zeigt Ihnen in komprimierter Form, wo es bewerbungsmäßig in Ihrer Branche langgeht – und ist dabei einfach und effektiv zu handhaben. Auf Seitenverweise wurde ebenso verzichtet wie auf langweilige, weit ausholende Erklärungen zu Arbeitsmarktthemen, die Sie für Ihre praktische Bewerbung einfach nicht interessieren. Dafür werden Beispiele für zeitgemäße Vorstellungskonzepte genannt. »Die perfekte Bewerbung für jede Branche« ist eine solide, pfiffige Bewerbungsberatung für alle, die Schule, Studium oder Ausbildung abgeschlossen haben – aber auch für

bereits Berufserfahrene, die einen neuen Job anstreben. Wir leben in einer Zeit, wo die Philosophie »Ein Leben – ein Job« überholt ist. Nahezu jeder, der dieses Buch liest, wird in seinem Leben verschiedene Tätigkeiten aufnehmen – vielleicht drei oder vier, vielleicht mehr. Flexibilität wird dabei großgeschrieben.

Von den starren Ausbildungs- und Berufswegen wird auch die deutsche Gesellschaft immer mehr zum Modell »Training on the job«, das uns die Amerikaner vormachen, übergehen. Dafür nötig sind andere Bewerbungskonzepte, die Kreativität, Mut und ein bißchen mehr Leichtigkeit und Engagement erfordern, als das heute der Fall ist – wo Bewerber denken, sie bräuchten nur ihre Zeugnisse zur freundlichen Prüfung zu schicken und schon hätten sie den Job. Weil sie ja schließlich lang genug die Schul- oder Unibank oder was auch immer gedrückt hätten. Doch die Dauer ist nicht entscheidend, sondern das, was man an *verwertbarem* Wissen und Können vorweisen kann und was für ein Typ man ist. Unternehmen stellen Menschen ein – keine Noten.

Das vorliegende Buch stellt deshalb nicht die Bewerbung als Präsentation von Zeugnissen in den Vordergrund, sondern die Vorstellung eines Menschen in seiner gesamten Persönlichkeit. Denn das ist eine der grundlegenden Eigenschaften, die in Zukunft wichtiger sein werden denn je: Die Persönlichkeit eines Arbeitnehmers, denn alle noch so guten Zeugnisse und Tests sagen darüber noch nichts aus. In Amerika hingegen ist die Persönlichkeit eines Bewerbers schon seit eh und je ein enorm wichtiger Faktor. Heute orientiert man sich auch in Deutschland mehr und mehr daran – und wird es in Zukunft noch stärker tun.

Dieser Ratgeber ist kein Buch für Spezialisten, die schon alles und mehr wissen, sondern eines für jeden, der sich bewerben möchte und dabei noch nicht genau weiß, wie er oder sie das am besten tun sollte. Natürlich gibt es heutzutage viele Möglichkeiten der Kontaktaufnahme – und die verschiedensten Organisationen zum Beispiel im studentischen Bereich: Hier werden viele Jobs über messeähnliche Meetings von jungen Berufsstartern und Unternehmen vergeben. Doch insgesamt betrifft das eine in ihrem Bereich sehr engagierte und letztendlich elitäre Minderheit.

An dieser Stelle soll derjenige einfach und anwendungsnah informiert werden, der sich »nur ganz normal« bewerben will, auf ein Stellenangebot in der Zeitung – oder in Eigeninitiative bei seinem Wunscharbeitgeber, denn so verfährt die Mehrheit. Um böse Fehler zu vermeiden und sich so gut wie möglich zu verkaufen, sollte man einen Blick in dieses Buch werfen. Die Anwendbarkeit ist garantiert: Für jede Branche wurden deutschlandweit Personalchefs befragt, wie eine Bewerbung gestaltet sein muß, die bei ihnen auf den Schreibtisch flattert, damit sie Chancen hat. Jeder Punkt, der in den einzelnen Kapiteln angesprochen wird, beruht auf den Aussagen dieser Personalprofis – und die müssen es ja schließlich wissen.

Auch Ihre Bewerbung wird in der Regel auf dem Tisch eines Personalfachmanns landen, der für das Unternehmen die geeigneten Mitarbeiter aussucht – wenn Sie sich also so bewerben, wie »Ihr« Kapitel Ihnen das vorschlägt, haben Sie eine gute Chance, erfolgreich zu sein. Auch heute ist es möglich, einen guten Arbeitsplatz zu bekommen – auch und gerade für junge Leute und Berufseinsteiger. Ein Wirtschaftsboß sagte einmal: »Entscheidend ist, daß jemand in dem, was er macht,

Spitze ist. Wenn jemand Finnougristik studiert und das mit Begeisterung und Praxisnähe, wird er es weiter bringen als jemand, der BWL oder Marketing mittelmäßig beherrscht.« Recht hat er, denn Mittelmaß gibt es zur Genüge und es besteht auch kein neuer Bedarf an weiteren mittelmäßigen Mitarbeitern. Leute, die sich voll für das engagieren, was sie beruflich wollen, wird es dagegen nie genug geben: Vielen Bewerbern ist es ja schon zuviel, wenn sie sich wirklich – wie in diesem Buch vorgeschlagen – auf den Hosenboden setzen müssen und für jeden Arbeitgeber eine andere Bewerbung verfassen sollen, jedesmal mit neuem Schwung und Elan. Die grauen Zellen mal so richtig auszuquetschen, ist gar nicht so leicht. Etwas mehr in die eigene Bewerbung zu investieren – sei es an Zeit, an Liebe zum Detail und vielleicht auch an Geld –, ist womöglich ein kleines Opfer. Aber eines, das sich lohnt: Denn wer auf diese Weise verfährt und sich nicht nach der Methode 08/15 bewirbt, wird am Ende vor allen anderen reich belohnt: Mit dem Job seiner Wünsche. Davon abgesehen könnte es sogar sein, daß sich schnell Begeisterung und Freude darin einstellen, sich mit seiner Bewerbung von der Masse abzuheben. Und soviel Spaß macht kopieren doch auch nicht, oder? Allen Lesern und Leserinnen dieses Ratgebers sei ein erfolgreiches Berufsleben gewünscht – wie Sie mit Ihrer Bewerbung den ersten Schritt dazu tun, lesen Sie nun bitte in dem für Ihre Branche bestimmten Kapitel. Viel Spaß dabei!

ARBEITSFELD WERBUNG

Von einem Moderator des Musikkanals VIVA wird folgende Geschichte erzählt: Als er noch nicht ahnte, daß er eines Tages TV-Sendungen moderieren würde, interessierte er sich für einen Job in der Werbung. Also bewarb er sich (unter vielen hundert anderen), als eine namhafte Werbeagentur einen Texter suchte. In sein Bewerbungspaket legte er allerdings keine Zeugnisse oder was man sonst noch erwarten könnte, sondern ein Glas Honig und einen Pinsel – dazu nur die lapidare Mitteilung: »Bevor ich Ihnen den Honig ums Maul schmiere, tun Sie's doch selber!« Die Werber fanden die Idee klasse und luden den Bewerber ein, der jedoch (mit einer wahrscheinlich ähnlich guten Bewerbungsidee) mittlerweile auch ein Angebot von VIVA hatte und es dankend annahm.
Die Geschichte zeigt, worauf es bei einer Bewerbung in der Werbung ankommt – nämlich darauf, die erste geniale Kampagne bereits für sich selbst zu konzipieren, um damit an den begehrten Job zu kommen. Das gilt nicht nur für Texter, sondern ebenso für Grafiker – und zum Teil auch für Kontakter oder Werbe-Azubis, die eine kaufmännische Tätigkeit anstreben. Auch sie sollten bereits mit ihrer Bewerbung zeigen, daß sie sich in ein kreatives Team integrieren können und wissen, daß in der Werbebranche auch von Kaufleuten anderes erwartet wird als beispielsweise von einem Unternehmen der Sanitärbranche. Wer sich für einen Arbeitsplatz im Werbebereich interessiert, sollte sich deshalb vorher einige Gedanken zu seiner Art des Herantretens an das Wunschunternehmen machen – das Porto für Standardbewerbungen kann man sich

in diesem Berufsfeld getrost sparen. Nicht nur, daß man nie und nimmer den gewünschten Effekt erzielen wird, nein, man macht sich zudem nicht gerade einen guten Namen, wenn man todlangweilige Dossiers verschickt, die niemanden – und erst recht keine Werbeprofis – hinter dem Ofen hervorlocken.

Nur wer auffällt, hat eine Chance – doch stop!: Wer beim Auffallen um jeden Preis zu sehr aus dem Rahmen fällt, sei es mit einer schwachsinnigen, unüberlegten oder anderweitig peinlichen Masche, wird unweigerlich ebenfalls das Schicksal der meisten aller Schreiben dieser Art erleiden: zurück an den Absender oder direkt in den Papierkorb. Es gilt also, sich ganz genau zu überlegen, was zu tun ist.

Branchenthermometer Werbung

kochendheiß	100 Grad
sehr heiß	80 Grad
heiß	60 Grad
wohltemperiert	40 Grad
frisch	20 Grad
unterkühlt	0 Grad
eiskalt	–20 Grad

Arbeitsklima in der Werbung (Tendenz: +)

Um zu wissen, welche Bewerbung wirklich »zieht«, sollte man sich zunächst einmal genau überlegen, was das eigentlich für eine Branche ist, in der man beruflich Fuß fassen möchte.

Die eigene Bewerbung muß in Inhalt und Optik so perfekt wie möglich auf das Branchenfeeling zugeschnitten sein. Das Feeling in der Werbung hebt sich von anderen Branchen wohltuend ab: Man ist witzig, kreativ und duzt sich – zumeist jedenfalls. Die Hierarchien sind flach, und es wird gerne und gut im Team gearbeitet. Man ist allem gegenüber aufgeschlossen oder tut zumindest so. Man lacht gerne, ist freizügig und arbeitet gerne und viel. Der Arbeitstag hat keine acht Stunden, sondern dauert so lange, wie es sein muß: Man fängt um neun an und hört abends um dieselbe Zeit auf, zum Beispiel. Die Werbebranche ist heiß und heftig. Nicht wenige sagen: Werbung machen ist eine moderne und angenehme Form von Sklaverei. Die Angestellten schuften und schuften und schuften. Sie verzichten auf jegliche Form von Privatleben (bis auf das Bier mit den Kollegen nachts nach der erfolgreichen Fertigstellung der Kampagne). Einige fahren sogar zusammen in den Urlaub – die Hamburger Kreativagentur Springer & Jacoby etwa macht das so. Das hat fast schon etwas Sektenhaftes. Wer in der Werbung ist, ist mit Haut und Haaren drin, halbe Sachen gibt es hier nicht.
Das gleiche gilt für die Bewerbung: Sie muß heiß sein. Witzig. Anders. Talentiert. Und bloß nicht spießig, sonst geht sie zurück an den Absender. Wie also sollten Sie verfahren? Dazu mehr im nächsten Absatz.

Der erste Schritt:

Überlegen Sie, was den Wunschjob charakterisiert und was das für die Bewerbung heißt!

Das mag zwar albern klingen, denn jeder glaubt ja zu wissen, was zum Beispiel ein Werbetexter tut: nämlich texten. Ein Grafiker erstellt Grafiken. Und ein Kontakter betreut die Kunden und ist die Schnittstelle zwischen ihnen und den Kreativen. Das – so könnte man meinen – ist jedem klar. Frage: Wieso aber quälen sich dann drei Viertel aller Möchtegern-Werbetexter mit langweiligen Standardbewerbungen ab, in denen steht, daß sie Pädagogik oder Betriebswirtschaft studiert haben und nun endlich einmal etwas Kreatives machen wollen? Wenn sie wirklich kreativ arbeiten wollen, wieso zeigen sie das nicht schon bei ihrer Bewerbung und glänzen mit einem tollen Slogan oder einer irren Verpackung – so wie es auch die spätere Arbeit in der Agentur erfordern wird?

Tatsache ist: Der Personalchef einer Werbeagentur bringt einer Bewerbung (von Hunderten) genauso viel oder wenig Interesse entgegen, wie ein Verbraucher vor dem Bildschirm der Werbung für ein neues Auto – entweder, sie reißt mit, oder er schaltet ab. Denken Sie bei Ihrer Bewerbung deshalb immer auch an die Gegenseite – der Personalchef oder Einstellungsleiter der Firma –, der Ihren Kram durchackern muß. Machen Sie es ihm so leicht wie möglich. Und, was Werbeberufe angeht, so schön, so toll und genial wie nur irgendwie denkbar. Zeigen Sie, daß Sie verstanden haben, um was es geht in dem

Job, um den Sie sich beworben haben. Der Mann (oder die Frau) muß beim Lesen Ihrer Bewerbung begeistert sein – so begeistert, daß er (oder sie) sofort zum Telefonhörer greifen möchte, um Sie zu einem Vorstellungsgespräch einzuladen. Wenn Sie nun denken: Das ist doch ein wenig viel verlangt, sich soviel Mühe zu machen, dann sind Sie auf dem Holzweg: Es ist tausendmal erfolgversprechender, *nur eine* tolle Bewerbung auf den Weg zu bringen als hundert mittelmäßige! Das erste dabei ist die Idee, die Kampagne: Wie stelle ich mich vor? Auf welche Weise zeige ich »denen«, daß der angebotene Job und ich perfekt zusammenpassen?

Die Kampagne für sich selbst

Setzen Sie sich hin und machen Sie das, was in Agenturen alltäglich ist: ein sogenanntes Brainstorming. Sammeln Sie alle Gedanken, die Ihnen zum Thema Ihrer Kampagne *»Ich bewerbe mich als Texter/Grafiker/Kontakter/u. a. bei XY«* in den Kopf kommen – alles ist erlaubt, auch wenn es noch so blödsinnig erscheinen mag. Bei diesem ersten Schritt geht es nur darum, Ideen zu sammeln, in einem zweiten Schritt machen Sie sich Gedanken über die einzelnen Ideen und ihre Verwertbarkeit für Ihre Bewerbungskampagne. Setzen Sie die verschiedenen Möglichkeiten – von ernsthaft-seriös bis witzig-grell oder andere Ideen – in Bezug zu dem, was Sie über Ihren Wunscharbeitgeber wissen. Arbeitet die Agentur z. B. hauptsächlich im Food-Bereich? Oder macht sie Werbung für Autos? Liegt der Schwerpunkt dabei im Printmedien-, Verkaufsförderungs- , TV- oder in einem anderen Bereich? Und: Wie stellt sich das Unternehmen selbst nach außen hin dar? Eher edel und ein bißchen steif, oder aber frech und peppig? Das alles ist für Ihre Bewerbung von enormer Bedeutung!

Um an diese Informationen zu kommen, besorgen Sie sich Fachliteratur und -periodika. Das können in der Werbebranche z. B. das »Jahrbuch der Werbung« (Econ-Verlag, Düsseldorf, erscheint jährlich) sein, in dem die besten Kampagnen des Jahres dokumentiert sind (jede größere Agentur ist darin regelmäßig vertreten – man weiß somit schon mal etwas über die kreativen Highlights der Agentur), oder aber auch Prospekte und Infomaterial (Selbstdarstellungen des Unternehmens für die Kunden), die einem das Sekretariat des Unternehmens gerne zuschickt.

Genauso wichtig ist die Zeitungsanzeige, auf die Sie antworten (falls Sie keine Initiativbewerbung auf den Weg bringen): Wie ist sie gestaltet? Welche Anforderungen werden gestellt und in was für einen Text ist das Ganze verpackt? Richten Sie Ihre eigene Kampagne danach aus – antworten Sie in kurzen knackigen Sätzen bei einer Agentur, die in ihrer Anzeige ebenso verfahren ist, und zeigen Sie Charme, wenn die Anzeige der Agentur eben dieses vormacht. Jedes Unternehmen sucht Mitarbeiter, die zu ihm passen. Das Sprichwort *»Gegensätze ziehen sich an«* gilt hier nicht – wenn schon, dann fahren Sie mit *»Gleich und gleich gesellt sich gern«* entschieden besser!

Wenn Sie nun Ihre im Brainstorming entwickelten Ideen mit den Anforderungen und dem Profil der Agentur vergleichen, wird ein Großteil davon schon nicht mehr geeignet sein –

machen Sie hier weiter, und konzentrieren Sie sich auf die verbliebenen Ideen. Suchen Sie sich die Beste heraus. Sie sollte folgenden Kriterien genügen: Sie muß (positiv) auffallen, zum Unternehmen passen sowie zu Ihnen selbst, und sie sollte vom zeitlichen Aufwand sowie vom Kostenfaktor her angemessen sein – denn kein Unternehmen wird einen Bewerber einstellen, der seine ganze Zeit und jede Menge Geld in eine überaufwendige Selbstdarstellung steckt, die davon zeugt, daß er aus feinem Hause kommt oder offensichtlich nichts anderes zu tun hat, wenn er so seine Zeit vergeuden kann (derartige Bewerbungen sind in der Werbebranche nicht selten und werden nicht unbedingt bevorzugt behandelt ...).
Das Unternehmen wünscht sich eine Bewerbung, die zeigt, daß der Bewerber was kann und daß er und das Unternehmen zusammenpassen: fachlich, vom Engagement her und – last but not least – auch, was die menschliche Seite betrifft. Halten Sie sich das bei jedem Schritt, den Sie machen, immer wieder vor Augen! Und: Tun Sie eines in der Werbung niemals: Kopieren Sie nicht die Ideen anderer Leute! Sorry, aber das obige Beispiel des VIVA-Moderators ist damit für Sie leider gestorben (nur für den Fall, daß Sie schon daran gedacht haben ...). Aber im Ernst: In der Werbung kommt es darauf an, neue Ideen zu haben. Es bringt Ihnen nichts, wenn dem bearbeitenden Personalchef Ihre Bewerbungskampagne allzu bekannt vorkommt, schließlich dürfen Sie Ihre späteren Werbefeldzüge auch nicht einfach abgucken (das gilt natürlich insbesondere für die Kreativen!). Egal, ob Sie nun Luftballons verschicken oder eine Krawatte mit Ihrem Namen drauf (alles Unsinn!) oder auch nur einen flotten Text oder eine Grafik entwerfen (wie, müssen Sie schon selbst herausfinden ...), Ihre Kampagne ist ganz allein Ihre Sache!

Um festzustellen, ob Sie zu einer Agentur oder zur Werbeabteilung eines Unternehmens passen, können Sie zusätzlich folgendes Analyseschema anwenden: Sie stellen auf Basis Ihrer Informationen, die Sie aus Stellenanzeigen und/oder anderen Quellen haben, ein Profil Ihres Wunscharbeitgebers und eines von sich selbst auf. Das könnte etwa so aussehen:

Meine Einschätzung der »Werbeagentur Topmarketing«, Hamburg

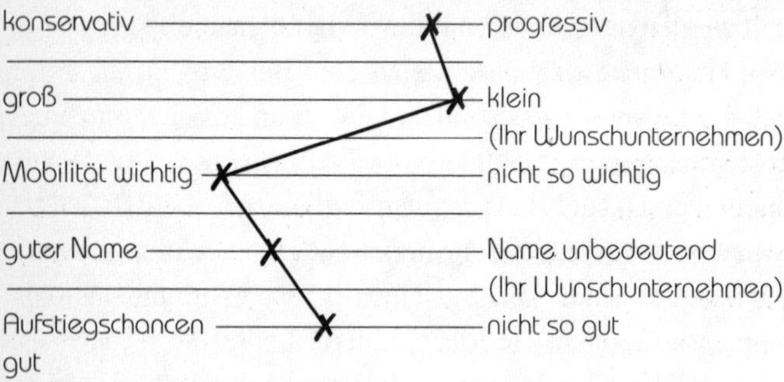

Sie schätzen also dieses Unternehmen als sehr modern und fortschrittlich ein und wissen, daß es sich um einen kleinen Betrieb handelt. Mobilität ist gefragt, weil Sie erst nach Hamburg ziehen müssen, wo die Agentur ihren Hauptsitz hat. Außerdem sollen Sie dort auch im Außendienst tätig sein. Der Name der (natürlich erfundenen) Agentur ist eher unbekannt in der Branche. Dennoch sehen Sie zumindest mittlere Karrierechancen bei dem Unternehmen. Nun machen Sie das gleiche für sich selbst:

So sehe ich mich und meine Vorstellungen

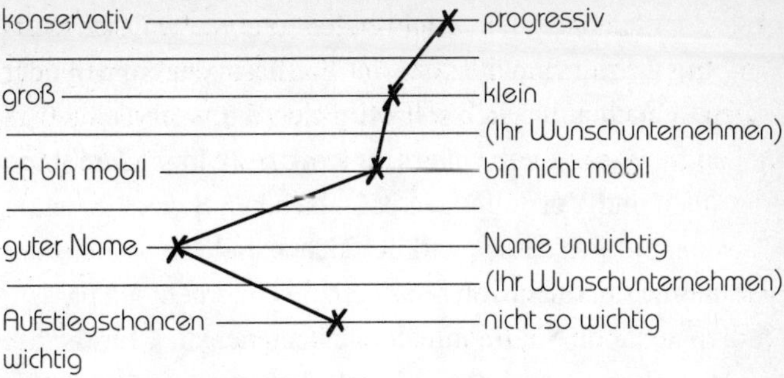

Aus Ihrem Schema geht hier beispielsmäßig hervor, daß Sie sich selbst als modernen, progressiven Typ einschätzen und daß Sie lieber bei einem kleinen als bei einem großen Unternehmen arbeiten möchten. Sie sind allerdings nicht allzu mobil – vielleicht weil Sie kein Auto haben und/oder Ihren jetzigen Wohnort aus anderen Gründen nicht verlassen möchten. Sie würden gerne bei einem Unternehmen arbeiten, dessen Name einen guten Klang in der Branche hat und deshalb auch gute Karriereaussichten verspricht.

Der Vergleich

Wenn Sie nun die beiden Profile miteinander vergleichen, werden Sie schnell feststellen, ob Sie überhaupt zueinander passen: Im Beispielsfall stellt sich die Situation so dar, daß Sie in puncto progressiver Arbeitsauffassung und Unternehmensgröße übereinstimmen – was die Karrierechancen angeht, gibt es eine mittlere Abweichung, die sich vielleicht noch lösen ließe. Allerdings möchten Sie bei einem Unternehmen mit

großem Namen arbeiten und sind nicht mobil. Die angestrebte Stelle hingegen wäre bei einem Unternehmen, das eher unbekannt ist und unbedingt Mobilität erfordert, weil Sie nach Hamburg umziehen müßten. Wenn Sie das nicht können oder wollen, brauchen Sie sich erst gar nicht zu bewerben.
Suchen Sie nach einem Unternehmen, das zu Ihnen und Ihren Wünschen und Vorstellungen paßt. Nehmen Sie erst Kontakt auf, wenn Sie sich dessen wirklich sicher sind! Sie sollten aber nicht nur herausfinden, ob Sie zu einem Unternehmen passen, sondern auch, ob Sie für eine Stelle geeignet sind, für die Sie sich bewerben wollen. Das gilt natürlich ganz besonders für eine Antwort auf eine Stellenanzeige. Bevor Sie sich bewerben, schauen Sie sich genau an, was dort gefordert wird und erstellen Sie dazu eine Tabelle.

Stellenanzeige	**mein Profil**
Texter gesucht	habe einiges im Bereich Text gemacht
jung	27 Jahre
einige Jahre Berufserfahrung	ein Jahr als Juniortexter gearbeitet
Kenntnisse neuer Medien	arbeite bereits privat & beruflich damit
flexibel	bin ungebunden und habe Lust auf den Job – auch, wenn's mehr als acht Stunden am Tag werden
usw.	

Wenn Sie ehrlich alle Punkte nacheinander abhaken, die in der Stellenanzeige für einen Job gefordert werden, können Sie schnell und ziemlich sicher feststellen, ob Sie eine Chance haben, den Job zu bekommen.

Aber Achtung: Gehen Sie nicht zu stoisch vor! Wenn in der Werbebranche zum Beispiel ein Texter mit Berufserfahrung gesucht wird, heißt das noch lange nicht, daß am Ende auch ein solcher eingestellt wird. Denn wenn ein Newcomer ohne Berufserfahrung eine Bewerbung schickt, die vermuten läßt, daß er mehr Sprachgefühl, Witz und Ideen hat als der berufserfahrene Kollege, wird wahrscheinlich der Youngster genommen. Wichtig ist, daß die meisten Punkte im Vergleich zusammenpassen – wenn's dann an einer Stelle nicht genau paßt, müssen Sie selbst (!) entscheiden, wie wichtig dieser eine Punkt ist. Wenn Sie für sich das Okay geben, dürfen Sie ruhig loslegen – die weitere Entscheidung trifft dann der zuständige Personalsachbearbeiter.

Erste Kontaktaufnahme:

Schriftlich, telefonisch oder persönlich?

Wie Sie an ihr Wunschunternehmen herangehen, bestimmt zum Teil das Unternehmen selbst. In vielen Zeitungsannoncen wird von seiten des Unternehmens um kurze telefonische Kontaktaufnahme gebeten – ein Angebot, das Sie nutzen sollten. Allerdings rufen Sie in einem solchen Fall bitte nicht unvorbereitet an: Die Gefahr, daß Sie einen schlechten ersten Auftritt hinlegen, weil Sie nicht richtig wissen, was Sie eigentlich sagen wollen, ist groß. Überlegen Sie sich also vorher, wie Sie einen möglichst *interessierten* und gleichzeitig *interessanten* Eindruck machen – so bekommt der zuständige Personalmitarbeiter gleich eine gute Meinung von Ihnen.

Wenn in der Anzeige nichts von einer telefonischen Kontaktaufnahme steht, lassen Sie es lieber bleiben; ansonsten laufen Sie Gefahr, zu nerven. Vertrauen Sie im Regelfall lieber einer schriftlichen Bewerbung: Sie können sich Ihre Strategie in aller Ruhe zurechtlegen und an Ihrer Bewerbungskampagne feilen, ohne daß Ihnen jemand dazwischenfunkt. Denn im Gegensatz zu einer persönlichen oder telefonischen Bewerbung ist die schriftliche Kontaktaufnahme nicht interaktiv, was gerade für Neueinsteiger, die wenig oder gar keine Erfahrung aus Bewerbungsgesprächen mitbringen, ein großer Vorteil sein kann, wenn man die schriftliche Bewerbung richtig einsetzt.

Als dritte Variante gibt es die persönliche Kontaktaufnahme: Man kommt einfach beim Unternehmen vorbei, sagt, was man will (den Job), und bringt seine schriftlichen Unterlagen mit. Nur selten hat diese Variante Erfolg – der zuständige Personalbearbeiter wird sich in aller Regel überfahren und in die Ecke gedrängt fühlen. In einer solchen Situation sagt er vorsichtshalber schneller mal nein, als es vielleicht angebracht wäre. Allerdings ist diese Form der Bewerbung in der Werbebranche nicht unüblich, weil hier einiges lockerer gesehen wird als woanders. Man sollte sich aber des hohen Risikos bewußt sein, das man mit einem persönlichen Vorbeikommen eingeht (es kann nämlich auch in die Hose gehen, dann nämlich, wenn man Sie sofort wieder wegschickt und Sie dabei quasi »rausprügeln« muß ...): Eine persönliche Bewerbung kann durchaus Teil Ihrer Bewerbungskampagne sein und auch Erfolg versprechen (vor allem bei kleineren Agenturen und Unternehmen), und ab und zu setzt sich auch wirklich derjenige durch, der am frechsten rangeht. Voraussetzung für ein solches Vorgehen ist aber das Wissen um die eigene Wirkung – man muß ein Typ für solche Aktionen sein, sympathisch wirken und jederzeit den Überblick in dieser improvisierten Situation bewahren können.

Normalerweise empfiehlt sich auch in der Werbung die schriftliche Kontaktaufnahme, nur sollte sie anders gestaltet sein als bei einer Bewerbung als Bankangestellter. Sie sollte Witz und Ideenreichtum zeigen, wobei man natürlich dennoch über gewisse Grundregeln Bescheid wissen sollte – und wenn es nur zu dem Zweck ist, sie bei der eigenen Bewerbung absichtlich außer Kraft zu setzen …

Noch ein Thema: Die Kurzbewerbung. Falls in einer Anzeige zuerst eine Kurzbewerbung gewünscht wird, schicken Sie bitte nur ein Anschreiben, einen Lebenslauf sowie ein Foto – alles weitere wird man bei Interesse später von Ihnen nachfordern. Doch solche Kurzbewerbungen sind die Ausnahme, in der Regel werden Sie eine komplette Bewerbung schicken! Nachfolgend mehr zum Aussehen der einzelnen Bausteine:

Das Anschreiben:

Ihr Schlüssel zum Bewerbungserfolg

Im Anschreiben müssen Sie zeigen, daß Sie ein echter Werbeprofi sind. Wenn Sie hier einen ganz gewöhnlichen Langweilerbrief schreiben, können Sie gleich wieder einpacken. Nein, machen Sie es so wie der eingangs erwähnte VIVA-Moderator: Starten Sie mit einer brillanten Idee – am besten mit einer witzigen! Sie dürfen völlig frei an die Sache rangehen. Die Gedanken, die Sie sich zuvor über diese Idee gemacht haben, können Sie nun direkt umsetzen, und zwar so, wie Sie es für am besten halten.
Das Anschreiben ist der wichtigste Bestandteil Ihrer Bewerbungskampagne – und entscheidet darüber, auf welchem Stapel Sie landen: »Geeignet«, »vielleicht geeignet« oder »ungeeignet«.
Die hohe Bedeutung kommt nicht von ungefähr: Das Anschreiben ist das erste Indiz für Fähigkeit oder Unfähigkeit eines Bewerbers – wenn bereits diese erste Seite Langeweile oder formale Mängel offenbart, landet die Bewerbung ohne weitere Beachtung auf dem Stapel der Rücksendungen. Was Langeweile ist? Nun:

»Sehr geehrte Damen und Herren,
hiermit möchte ich mich um die in der … vom … ausgeschriebenen Stelle als Werbetexter bewerben. Alles weitere ersehen Sie aus meinen Zeugnissen und Unterlagen.
Mit freundlichen Grüßen
Peter Maier-Immerschlau«

Das Papier für ein solches Anschreiben für die Werbebranche können Sie sich sparen. Sie müssen sich anders vorstellen. Mit einer eigenen Idee. Mit einem Slogan – der bitteschön aber auch auf Sie und Ihren Wunscharbeitgeber sowie die Bewerbungssituation paßt.

Als Beispiel:

Sie könnten sich mit Ihrer Freundin/Ihrem Freund als Hochzeitspaar fotografieren lassen – Ihre Braut oder Ihr Bräutigam würde den Namen der Wunschagentur vorne auf der Kleidung tragen. Sie könnten das Foto einfach mitten auf die erste Seite kleben. Darüber bräuchten Sie dann nur zu schreiben:

»Wollen Sie es mit mir versuchen?«

Sonst nichts auf der ganzen Seite. Und auf der zweiten Seite erklären Sie dann kurz und knackig, wer Sie sind und was Sie wollen. Apropos: Auch für die gerade genannte Idee gilt, daß sie bereits verloren ist, weil sie hier aufgeführt wurde. Von Ihnen will man eine komplett neue Idee!

Wenn Sie sich nun an die Fortsetzung Ihres Anschreibens machen, beachten Sie bitte auch die formalen Punkte. Vermeiden Sie Mängel in diesem Bereich. Unter formalen Fehlern verstehe ich hier, daß zum Beispiel der Briefkopf nicht richtig oder unvollständig ausgefüllt ist oder daß sich Rechtschreib-, Komma- oder Grammatikfehler eingeschlichen haben. Oder aber auch, daß das Papier nur 70-Gramm-Qualität hat.
Inhaltliche Fehler gehören zum Feld der Kampagne, die Sie für sich bei jeder Bewerbung automatisch entwerfen – wenn

Sie das nicht so sorgfältig, wie auf den vergangenen Seiten beschrieben, tun, wird Ihre Kampagne zu einem äußerst schlechten Statement für Sie selbst. Etwa, wenn Sie sich im Ton vergreifen (was in der Werbung schnell vorkommt – nicht jeder Be-Werbungs-Gag kommt zum Beispiel tatsächlich auch als solcher an, sondern manche wirken eher peinlich oder unseriös ...). Oder wenn Ihre Bewerbung durchblicken läßt, daß Sie es nicht für nötig hielten, genaue Informationen über das Unternehmen und den Job einzuholen und Sie lieber eine Standardbewerbung geschickt haben. Um diese Inhalte kümmern wir uns gleich.
Zunächst ist es wichtig, daß auch Bewerbungseinsteiger (frischgebackene Schulabgänger, Studenten und so weiter) einfach mal ein formales Muster zur Hand haben – ein ganz normales, gewöhnliches Anschreiben ohne irgendwelchen Firlefanz. Denn es kann von Nutzen sein, daß man so etwas zumindest schon mal gesehen hat, bevor man sich bewirbt ...

Formales Muster eines Anschreibens

Gisela Kreativ
Junge Str. 53
22222 Glückshof
Tel.: …

Werbeagentur Peters
Personalabteilung
z. H. Herrn/Frau …
Senfstr. 34
22335 Kaufstadt

Glückshof, 4. April 1997

Bewerbung als …
Ihre Anzeige in der … vom …

Sehr geehrte(r) Frau/Herr XY,
(falls unbek.: Sehr geehrte Damen und Herren)

IHRE IDEE . . . .
. . . .
. . . .

Mit freundlichen Grüßen
(handschriftliche Unterschrift)

Anlagen: Lebenslauf, Foto, Zeugniskopien
(u. a. gegebenenfalls)

Wie gesagt: In der Werbung ist niemand gezwungen, sich an dieses Muster zu halten – man darf es aber, wenn die eigene Bewerbungsidee in das Muster paßt. Dieses trockene Gerüst soll in erster Linie denjenigen Lesern dieses Ratgebers eine formale Grundorientierung bieten, die bisher noch keine Bewerbungen (und anderen, ähnlichen Schriftkram wie z. B. Geschäftsbriefe) verfaßt haben. Er kann aber auch »alten Hasen« von Nutzen sein, die sich schon lange nicht mehr bewerben mußten und sich nun vielleicht fragen, mit welcher Grußformel man heutzutage ein Bewerbungsschreiben beendet (»Hochachtungsvoll« ist nicht mehr en vogue ...).

Aber noch mal kurz zu den Formalitäten: Verwenden Sie nicht das billigste aller billigen Papiere (aber auch kein übermäßig feines), sondern einfach ein gutes, handelsübliches Papier von 80 oder besser 90 Gramm. Die Leute wollen von Ihnen eine saubere, hübsch und ordentlich gestaltete Bewerbung. Geben Sie ihnen nicht das Gefühl, daß Sie Pausenbrotpapier verwendet haben. Seien Sie aber, wie gesagt, auch vorsichtig mit Papieren, die zu vornehm wirken – Sie wollen keinen Thron besteigen, sondern einen Arbeitsplatz einnehmen.

Die Bewerbung in der Werbebranche ist insofern noch eine Ausnahme, da hier fast alles erlaubt ist – auch buntes Papier, wenn es zu Ihrer Bewerbungskampagne paßt. Bedenken Sie bei allem, was Sie tun, einfach folgendes: Die Sache muß rund sein. Wenn alles paßt und es optisch Spaß macht, ist die Wahrscheinlichkeit ziemlich hoch, daß Sie ein gutes Bewerbungspaket abschicken. Denn Werbung soll ja auch Spaß machen – zeigen Sie das mit Ihrer Bewerbung! An dieser Stelle ein zweites Mal der Hinweis, der eigentlich unnötig sein sollte: Rechtschreib-, Komma- oder Grammatikfehler sind das sofortige Aus für Sie. Lesen Sie sich deshalb Ihr Anschrei-

ben und alles weitere, was Sie selbst für den Wunscharbeitgeber verfassen, gründlich durch! Und machen Sie nicht den Fehler, irgend etwas im Text zu korrigieren – sei es mit Tipp-Ex oder durch Überschreiben. Sobald nur der kleinste Fehler auftaucht, heißt das: der Text muß noch mal neu getippt werden.
Ach ja, zum Tippen: Schreibmaschinen aus Urgroßvaters Zeiten sind ebenso out wie handschriftliche Bewerbungen, wobei man das natürlich im Bereich der Werbung als Stilmittel seiner Kampagne einsetzen kann (absichtlich verwendet *kann (!)* es also gut sein, sonst ist davon stark abzuraten). Da heute in fast jedem Haushalt ein PC steht (jedenfalls bei jüngeren Menschen), ist es bereits Standard geworden, seine Bewerbung auf einem solchen zu verfassen – zumal man mit einem guten Drucker ein außerordentlich professionelles Bewerbungs-Outfit hinbekommt.
Soviel zu den Äußerlichkeiten – nun zu den *inneren* Werten Ihres Anschreibens, das übrigens möglichst nicht länger als ein bis zwei DIN-A4-Seiten (!) sein sollte:

Bevor Sie sich hinsetzen, um Ihre Idee für das Anschreiben umzusetzen, überlegen Sie sich bitte, daß vor Ihnen die schwierige Aufgabe liegt, sich auf knappstem Raum und in wenigen Zeilen so gut wie möglich darzustellen. Die meisten Bewerber scheitern bereits an dieser ersten Hürde. Besonders in der Werbebranche ist das Anschreiben der wichtigste Teil Ihrer Bewerbungskampagne – in anderen Berufsbereichen zählen die nachfolgenden Zeugnisse oft genausoviel wie oder mehr als die persönliche Vorstellung. In der Werbebranche aber, und gerade bei den Kreativen, wo alles mehr Schein als Sein ist, ist das erste schriftliche Auftreten das A und O,

um den Personalsachbearbeiter überhaupt weiterblättern zu lassen.
Schreiben Sie deshalb mit Sinn und Verstand (das ist kein Witz). Denn die meisten Anschreiben strotzen immer noch so vor inhaltsleeren Floskeln, daß man unweigerlich den Eindruck hat, nach der Lektüre des Anschreibens keine Spur *mehr* über den Bewerber (und was er oder sie eigentlich will) zu wissen. Wenn Sie also Ihre witzige Bewerbungsidee am Anfang gemeistert haben, stellen Sie sich in wenigen Sätzen vor, und zwar möglichst genauso interessant. Schreiben Sie persönlich. Am besten, Sie nennen Ihren Gesprächspartner am Anfang (das kann unter Umständen auch auf der zweiten Seite sein) mit Namen (also nicht: »Sehr geehrte Damen und Herren«, sondern: »Sehr geehrte(r) Frau/Herr ...«) – wiederholen Sie die direkte Anrede ruhig noch einmal (aber nicht öfter) im Brief –, so erhalten Sie einen engeren Kontakt zum Lesenden. Schildern Sie kurz, knapp und leserfreundlich, wer Sie sind und was Sie für das Unternehmen leisten möchten.
Hier noch einige weitere Anregungen, mit welchen Ideen andere Leute bereits in das Unternehmen Werbung gestartet sind:

Der Verfasser des folgenden Anschreibens klebte auf die Titelseite seiner Bewerbung eine alte Kindertaucherbrille und schrieb dazu in großen Lettern (wie einen Werbeslogan): »Meine Eltern wollen unbedingt, daß ich Tiefseetaucher werde – ich will aber lieber texten!« Im Anschreiben dann verfolgte er das Thema weiter, indem er darauf hinwies, daß er die Taucherbrille auch heute noch bei der Arbeit (also beim Texten) aufsetze, um in gewissen Fällen mehr Durchblick zu erhalten. Allein die Vorstellung, einen

Mitarbeiter mit Taucherbrille am Schreibtisch sitzen zu sehen, gefiel dem Personalbearbeiter so gut, daß er den jungen Mann zu einem Gespräch einlud.

Ein anderes Beispiel: Der Bewerber klebte einen abgenagten Bleistift auf das Anschreiben und schrieb dazu mit einem Pfeil: »Bleistift eines Kreativen«, um so zu verdeutlichen, daß er an der Bewerbung genauso wie auch an seinen Texten schon eine Weile »kaut« – was zeigt, daß der Bewerber vom oft aufreibenden Arbeitsprozeß eines Kreativen weiß, der sich immer wieder aus dem Stegreif neue Ideen für neue Kunden ausdenken muß. Daß das nicht ohne Spuren (siehe Bleistift) abgeht, ist klar. Auch dieser Bewerber wurde prompt zum Vorstellungsgespräch eingeladen.

Diese Fälle sind, wie bereits erwähnt, nicht zur Nachahmung empfohlen, sondern sollen nur als Beispiel dafür dienen, wie man verfahren kann (aber nicht muß). Und sicher gibt es noch jede Menge genauso guter oder viel besserer Ideen – die aber soll jeder für sich selbst herausfinden. Fest steht: Das Anschreiben ist Ihre Visitenkarte, und wenn Sie das bei Ihrer Bewerbung beachten, wird es für Sie der Schlüssel zum Erfolg werden.

Der Lebenslauf:

Bei den Werbern ist (fast) alles erlaubt

Vorneweg: Lebensläufe müssen nicht unbedingt langweilig sein. Sie müssen auch nicht immer gleich aussehen – zumindest nicht bei den Werbeleuten. Man darf in dieser Branche ruhig aus dem hier gezeigten Schema ausbrechen, das nur eine formale Orientierung für diejenigen sein soll, die es ganz nach Vorschrift machen wollen (was z. B. bei den kaufmännischen Berufen in der Werbebranche der Regelfall sein wird, denn von diesen Bewerbern werden natürlich keine kreativen Geniestreiche, sondern eher knallharte Facts zu Ausbildung und bisherigem Berufsleben erwartet, die natürlich nichtsdestotrotz nett verpackt sein dürfen). Heute schreibt man hauptsächlich Lebensläufe in tabellarischer Form, ausführliche nur noch auf speziellen Wunsch hin oder wenn man als Kreativer damit gestalterisch umgehen möchte. Wichtig ist, daß der Lebenslauf übersichtlich ist und möglichst nicht mehr als eine bis anderthalb Seiten in Anspruch nimmt.

Ach ja, hin und wieder gibt es noch Firmen, die gerne handschriftliche Lebensläufe möchten (in der Werbung allerdings so gut wie nie): Wenn Sie Lust darauf haben, in einem Unternehmen zu arbeiten, wo man die Mitarbeiter nach ihrer Handschrift beurteilt oder vielleicht auch nach ihrem Sternzeichen (oder nach einem Pickel auf der Nase), sollten Sie dabei mitmachen. Ansonsten: Lassen Sie die Finger von solchen Unternehmen, es gibt genügend andere!

Muster eines tabellarischen Lebenslaufs

Lebenslauf **Foto** *(eingeklebt)*

Name:	*Gisela Kreativ*
Wohnort:	*Junge Str. 53, 22222 Glückshof, Tel.: …*
geboren:	*4. 7. 1968*
Familienstand:	*ledig*
Schulbildung:	*19.. bis 19..: Grundschule Glückshof* *19.. bis 19..: Orientierungsstufe Glückshof* *19.. bis 19..: Gymnasium Glückshof mit Abitur 19..* *(evtl. Wehr- oder Zivildienstzeit)*
Berufsausbildung:	*19.. bis 19..: Ausbildung zur Werbekauffrau bei …*
Studium:	*19.. bis 19..: Studium Betriebswirtschaftslehre bis zum Vordiplom an der Universität …*
Berufspraxis:	*19..:einjähriges Praktikum bei … anschließend zwei dreimonatige Praktika als … bei … und …*
Sonstiges:	*19..: ein Jahr Auslandsaufenthalt in …* *19..: Zertifikat in …* *19.. bis 19..: Freie Mitarbeit bei …*

Glückshof, 4. April 1997
(handschriftliche Unterschrift)

Soviel zu den Formalitäten. Man kann es aber auch anders machen – wie, das zeigen folgende Beispiele:

Eine Grafikerin erstellte ihren Lebenslauf aus Bildern, die ihre einzelnen Lebensstationen zeigen, sowie aus richtigen Pappgebäuden und -darstellungen. Eine Linie (gezeichnet als roter Faden!) führt von Station zu Station. Sicherlich eine ziemlich aufwendige Variante – aber da sie gut und sympathisch gemacht war, hatte sie den gewünschten Erfolg.

Ein Bewerber um ein Textpraktikum bei einer renommierten Agentur schrieb seinen Lebenslauf und auch die Bewerbung als Fax-Krimi und faxte fünf Tage hintereinander »hochbrisantes« Material über seine Vergangenheit und so weiter an die Agentur – er bekam das Praktikum.

Natürlich kann man einen Lebenslauf auch ganz normal schreiben, ohne daß selbst ein Kreativer einem das übelnimmt (wirklich!). Entscheidend ist immer, daß man mit dem, was man anbietet, vollauf zufrieden ist, denn wenn man selbst schon die eigene Bewerbung nicht besonders toll findet, wie soll dann jemand anders darauf abfahren? Was gewisse Formalitäten betrifft: Es ist wichtig, den Lebenslauf handschriftlich und mit Datum des jeweiligen Tages zu unterzeichnen – das zeigt, daß es sich bei dem Schriftstück nicht um eine Standardkopie handelt. Überhaupt: Bitte keine Kopien benutzen. Zeugnisse und dergleichen werden immer als Kopie versandt – Anschreiben und Lebenslauf aber müssen ein Original sein!
Verzichten können Sie aber locker zum Beispiel auf die früher

noch übliche Eintragung der Eltern und ihrer Berufe oder auch auf die genauen Daten ihrer Grundschulzeit (Sie brauchen nicht schreiben: »vom 4. Juni bis ...«, sondern es reicht die Jahreszahl), denn wen, bitte schön, soll das ernsthaft interessieren? Überhaupt sind die wichtigsten Eintragungen immer die letzten. Das heißt: Wer schon lange im Berufsleben steht, kann auf seine Jugendzeit – mal abgesehen vom erreichten Schulabschluß – in seiner Bewerbung getrost verzichten. Ein Personalchef will den Bewerber schließlich nicht heiraten oder adoptieren, sondern er möchte herausfinden, ob er für den angebotenen Job geeignet ist, und das zeigt sich bei berufserfahrenen Bewerbern hauptsächlich in ihrer beruflichen Vergangenheit.

Falls sich jemand entschließt, einen außergewöhnlich gestalteten Lebenslauf anzubieten (wie die Beispiele oben), sollte er oder sie doch immer darauf achten, daß er übersichtlich bleibt – schließlich interessiert sich derjenige, der ihn lesen muß, auch für den Inhalt. Und der muß erkennbar sein. Was man nicht vergessen darf, ist das Foto. Es gehört in die rechte obere Ecke, und zwar eingeklebt, nicht angeheftet, weil es sonst leicht abhanden kommen könnte. Was sonst noch zum Thema Foto zu sagen ist, davon handelt der nächste Abschnitt.

Das Foto:

Geben Sie ein gutes Bild ab!

Eigentlich ist die Sache klar. Üblicherweise haftet in der rechten oberen Ecke einer Bewerbung ein Paßbild. Manchmal ist es farbig, manchmal schwarzweiß – vom Fotografen oder vom Paßbildautomaten am Bahnhof. Doch Vorsicht: Man sollte sich nicht verschätzen, was die Bedeutung eines Bewerbungsfotos anbelangt – es kann in einigen Fällen ausschlaggebend sein für den Erfolg Ihrer ersten Vorstellung! Deshalb ist es wichtig, auch beim Foto nicht (an Geschmack und damit häufig leider auch an Geld, denn guter Geschmack hat bekanntlich seinen Preis) zu sparen. Allgemein gilt im Grunde das gleiche wie beim Papier: auf keinen Fall Billigware anbieten, aber protzige Edelbilder sind genausowenig gefragt.
Natürlich ist in der Werbung wieder mal alles etwas anders: Im Rahmen einer witzigen oder stilvollen Kampagne ist einiges erlaubt – solange es den Bewerber oder die Bewerberin noch gut erkennen läßt. Anhand des Fotos soll man sich schließlich ein Bild von dem Menschen machen können, der sich vorstellt. Denken Sie deshalb immer an den Grundsatz: Das Foto ist ein Abbild von Ihnen – man soll Sie erstens erkennen und zweitens auch wiedererkennen können.

Was bedeutet das für Ihr Foto? Das heißt zunächst einmal, daß Sie bitte zu einem Fotografen gehen und ein gutes Bild machen lassen – ein gutes Bild, das bedeutet für eine Bewerbung, daß Sie sympathisch wirken, nicht nur, daß das Foto richtig belichtet ist (das sollte eine Selbstverständlichkeit sein!). Wenn Sie das Gefühl haben, irgend etwas stimmt nicht mit den Aufnahmen, dann gibt es nur eines: Sofort neue machen lassen! Das ist zwar teurer, aber Sie fahren damit auf lange Sicht günstiger, schließlich wollen Sie den Job, um den Sie sich bewerben, ja auch kriegen, oder? Und das gelingt in der Regel nur mit einem guten Foto – Personalchefs können noch soviel von Bewerberqualitäten reden, das angenehme Äußere eines Bewerbers wird, gerade in mittelständischen und kleineren Betrieben, was die meisten Werbeagenturen ja sind, fast immer und manchmal auch ungewollt sehr hoch eingeschätzt. Also lassen Sie ein gutes Bild von einem Fotografen machen. Ob schwarzweiß oder in Farbe, das bleibt Ihnen überlassen (zur Zeit geht der Trend zum edlen Schwarzweißbild, so eine Umfrage unter Personalberatern, aber Farbiges wird genauso gerne gesehen). Es kann sein, daß Sie 150 bis 250 Mark für Ihre Portraits auf den Tisch legen – dafür haben Sie aber dann auch etwas Gutes in der Hand. Allerdings nur für höchstens zwölf Monate, denn dann ist die Haltbarkeitsdauer abgelaufen, schließlich soll Ihr Gegenüber, wenn Sie denn zu einem Vorstellungsgespräch eingeladen werden, Sie auch noch ohne Überraschung wiedererkennen können.

Man selbst bemerkt in aller Regel gar nicht, wie sehr man sich mit den Jahren optisch verändert, weil man jeden Tag bei der Morgenwäsche in den Spiegel schaut und auf diese Weise einen allmählichen Prozeß miterlebt; der Personalbearbeiter aber kann sich ganz schön erschrecken, wenn Sie ihm ein vier oder fünf Jahre altes Foto schicken, wo Sie unter Umständen noch wie die blühende Jugend aussahen, und wenn Sie dann so, wie Sie heute sind, zur Tür hereinkommen – unter Umständen wird er Sie für jemand anderen halten.

Dabei soll er Sie doch bereits als Bekannten empfangen – das schließlich wollen Sie mit Ihrem Foto erreichen, das vom Paßbildformat bis zum 10 × 15-cm-Portrait (so groß bitte nur, wenn das Foto *wirklich* gut ist!) bemessen sein darf. Auf dem Bild zeigen Sie am besten ein freundliches Gesicht und tragen keine Freizeitkleidung, sondern etwas unauffällig Elegantes (es geht ja nur um den Oberkörper, also z. B. eine weiße Bluse oder ein weißes Hemd), das nicht von Ihrem Gesicht ablenkt.

Zum Schluß noch ein Hinweis: Für eine Bewerbung bei den Kreativen kann man sich schon mal was Besonderes gönnen und zum Beispiel ein sehr grelles Foto mit grellen Farben, vielleicht sogar nachbearbeitet, verschicken – es muß nur zu Ihrer Kampagne und natürlich auch zu Ihrem Wesen passen. Und, last but not least: Wenn es zur eigenen Darstellungsidee paßt, können Sie natürlich auch das ungeliebte Fahndungsfoto aus dem Paßbildautomaten toll integrieren, aber tun Sie das bitte nur als Effekt, nicht aus Unachtsamkeit oder um Geld zu sparen! Man darf auf dem Foto ruhig schon etwas über ihren Charakter erfahren – je größer die Ausstrahlung, desto besser!

Zeugnisse und andere Nachweise

Nach aller kreativer Anstrengung kommen Sie nun doch nicht an den Formalitäten vorbei: Zeugnisse und Nachweise jeder Art sind das feste Gerüst jeder Bewerbung. Bitte legen Sie nur Kopien bei, niemals Originale, denn so mancher Stellenaus-

schreiber macht sich noch nicht einmal die Mühe, Ihnen mit der Absage Ihre Unterlagen wieder zurückzuschicken. Wenn doch, dann sind die Sachen zum Teil arg beschädigt – nicht zuletzt auch durch den mehrmaligen Transport sowie zum Teil auch durch die Hände, durch die Ihre Unterlagen während der Prüfung gegangen sind.
Zeugnisse können sein: Schul- und Studienzeugnisse, Arbeitszeugnisse, Ausbildungs- und Praktikumsbescheinigungen, Arbeitsproben (bei den Kreativen sehr wichtig!), Fremdsprachen-, Computer- und Schreibmaschinennachweise, Weiterbildungszertifikate, Bestätigungen über Auslandsaufenthalte und, und, und … Legen Sie Ihrer Bewerbung davon nur bei, was Ihnen für die angestrebte Position wichtig erscheint, von solchen Dingen wie z. B. Führerscheinen o. ä. brauchen Sie keine Kopie beizulegen, es reicht, wenn Sie erwähnen, daß Sie ihn besitzen, wenn er für die Anstellung von Bedeutung sein sollte (etwa für einen Kontakter, der viel unterwegs ist).

In vielen Bewerbungsratgebern wird empfohlen, die Zeugnisse chronologisch zu ordnen – vorne die aktuellen Sachen und hinten das Schulzeugnis. Grundsätzlich ist das in Ordnung, obwohl man dabei eines beachten sollte: Die für die Tätigkeit wichtigsten Zeugnisse und auch die allgemeinen Highlights gehören immer nach vorne, damit der Personalbearbeiter zuerst das liest, was für ihn und für den Bewerber am wichtigsten in bezug auf die zu besetzende Stelle ist.
Deshalb kann zum Beispiel für einen jungen Werber – gleich welcher Richtung – das Abheften eines guten Praktikumszeugnisses über eine einjährige Mitarbeit bei einer renommierten Werbeagentur gleich als erstes Zeugnis nach dem Lebens-

lauf sehr sinnvoll sein, auch wenn er danach noch z. B. bis zum Vordiplom Germanistik studiert oder eine kaufmännische Ausbildung absolviert hat. Doch wenn das erste Zeugnis viel über die Erfahrungen und Fähigkeiten eines Bewerbers in einer der ausgeschriebenen Stelle vergleichbaren Tätigkeit aussagt, ist es einfach angebracht, dieses Zeugnis als erstes zu präsentieren.

Überhaupt kommt es auch bei der Präsentation der Zeugnisse darauf an, wichtige von weniger wichtigen zu unterscheiden: Bei einem älteren Bewerber interessieren die früheren Schulnoten nicht mehr – entscheidend ist, was er in seinem Berufsleben geleistet hat. Ein jüngerer Bewerber hingegen, der außer einem Schul- und einem Praktikumszeugnis nichts vorzuweisen hat, kommt um deren ausgiebige Präsentation wohl nicht herum.

Hin und wieder gibt es Fälle, die manchen Personalbearbeiter zur Verzweiflung treiben: Da schicken Leute ihre Urkunden von Bundesjugendspielen oder ihre DLRG-Rettungsschwimmer-Auszeichnung. Wieso nicht gleich den Pokal vom Fußballturnier des örtlichen Clubs? Das hat oft damit zu tun, daß in veralteten Bewerbungsratgebern immer noch steht: »Erwähnen Sie Ihre Hobbys« usw. Glauben Sie dem wohlgemeinten Ratschlag an dieser Stelle, daß den Personalbearbeiter Ihre privaten Vorlieben und Unternehmungen nicht im geringsten interessieren! Deshalb verzichten Sie auf die Sparte »Freizeitvergnügen«. (Dazu gehört auch: »Ich lese gerne. Meine Lieblingsbücher sind ...« – heben Sie sich das besser für ein Poesiealbum auf.) Lassen Sie Ihr Privatleben einfach außen vor – damit fahren Sie besser. Etwas anderes ist es natürlich, wenn Ihr Hobby etwas mit der angestrebten Stelle zu tun hat. So ist es für jemanden, der auf der Suche nach einem Grafikpraktikum ist, durchaus sinnvoll zu erwähnen, daß er in seiner Freizeit gerne am Computer sitzt und mit den gängigen Programmen gestalterisch tätig ist. Ach ja: Ihre Zeugniskopien müssen nicht amtlich beglaubigt sein, es reicht, wenn Sie die Originale einem interessierten Gesprächspartner zum Beispiel beim Vorstellungsgespräch vorzeigen können.

Noch ein Tip für die jüngeren unter den Lesern: Schulzeugnissen wird in Unternehmen häufig Skepsis entgegengebracht – fast jeder der dort arbeitenden Leute weiß aus eigener Erfahrung, wie abhängig die Noten zum Beispiel vom Lehrer oder von anderen Dingen sind, die nichts mit der tatsächlichen Leistung zu tun haben. Außerdem sagen die Schulnoten wenig aus über die Eignung für einen bestimmten Beruf – jemand, der im Abiturzeugnis 15 Punkte (1+) für seine Deutschkenntnisse abgesahnt hat, muß deshalb noch lange nicht zum Werbetexter taugen. Jedenfalls nicht eher als einer, der sich mit 3– über die Runden gebracht hat. Deshalb ist es von enormer Bedeutung, insbesondere für den kreativen Nachwuchs, sich so schnell und soviel wie möglich um Praktika und freie Mitarbeit zu bewerben, denn das sind die Pfunde, die man bei einer Bewerbung für sich in die Waagschale werfen kann. Arbeitsproben sind bei den Kreativen die Türöffner – hier zeigt sich, ob jemand wirklich etwas kann oder zumindest Talent besitzt. Der Bewerbung sollte man drei bis vier ausgewählte Arbeitsproben (keine Originale) beilegen, das reicht für eine vernünftige Beurteilung aus. Es versteht sich von selbst, daß man nur die besten und für den angestrebten Job geeignetsten Beilagen auswählen sollte.

Zum Schluß noch ein Blick auf Arbeits- und Praktikumszeugnisse: Mittlerweile hat sich eine eigenständige Zeugnissprache bei Arbeitgebern entwickelt – Zeugnisse, die auf den Laien positiv wirken, können Verheerendes aussagen.

So bedeuten zum Beispiel folgende Formeln:

> *... hatte Gelegenheit, die ihm übertragenen Aufgaben zu erledigen.*
> Im Klartext: Er hatte zwar Gelegenheit, hat sie aber nicht genutzt. Note 6. Ähnliches gilt für: »*War immer mit Interesse bei der Sache*« oder: »*Seinen Aufgaben widmete er sich mit Begeisterung*« (leider ohne Können!).
>
> *... erledigte seine Arbeit ordentlich und ordnungsgemäß.*
> Soll heißen: Tat nur, was er unbedingt mußte.
>
> *... zeigte Fachwissen und ein gesundes Selbstvertrauen.*
> Heißt: Hatte wenig Fachwissen, war dafür übersteigert selbstsicher.
>
> »*... war ein geselliger Mitarbeiter*«
> bedeutet: Feierte gerne während der Arbeitszeit, war Alkohol im Dienst nicht abgeneigt.

Sie sehen, es ist längst nicht alles Gold, was so in deutschen Arbeitszeugnissen glänzt – wenn auch Sie eine solch zweifelhafte Formulierung in Ihrem Zeugnis haben und sich ungerecht behandelt fühlen, zögern Sie keine Minute, ein neues Zeugnis zu beantragen. Oftmals ist es gerade in kleineren Unternehmen häufig so, daß der Zeugnisaussteller es sogar gut gemeint hat und gar nicht weiß, was seine Beurteilung anrichtet, wenn sie zu einem erfahrenen Personalchef kommt. Zeigen Sie mit Ihrem Widerspruch, wie wichtig Ihnen eine gute Beurteilung ist – wenn Sie wirklich Gutes geleistet haben, werden Sie sie auch bekommen! Und nun, wenn Sie alles beisammen haben, gibt es nur noch ein Thema:

Wie verpacke ich meine Bewerbung?

Die losen Blätter müssen nun irgendwie zusammenkommen, und verschicken muß man das Ganze auch noch: Was ist dabei zu beachten? Nun, am besten bündelt man die Blätter in einem Hefter. Das kann entweder eine Klammer sein oder aber auch ein Schnellhefter – allerdings rate ich dazu, aus geschmacklichen Gründen lieber einen aus dezenter Pappe oder vielleicht sogar einen mit leichtem Ökotouch zu nehmen als diese billig wirkenden bunten Plastikschnellhefter. Sie können die einzelnen Blätter auch in eine seitlich geöffnete Klarsichthülle stecken – das macht einen neutralen Eindruck.
Im Bereich der Werbung sind allerdings auch alle möglichen anderen Verpackungen denkbar – ja zum Teil sogar nötig, um gewisse Dinge wie z. B. Arbeitsproben oder Honiggläser (!) zu transportieren. Dann müssen Sie schnell schon mal zum Päckchen greifen, für das im Rahmen Ihrer Kampagne auch interessante Designvorschläge (solange Sie nicht vorgefertigt sind, sondern von Ihnen selbst stammen!) erlaubt sind.
Ansonsten empfiehlt sich für die Versendung von Bewerbungsunterlagen ein großer Umschlag, in den die Papiere unbedingt *ungeknickt* hineinpassen. Außerdem sollte er einen verstärkten Papprücken haben, damit Ihre Unterlagen den

Transport durch die Post heil überstehen – kein Personalchef freut sich über ein durchnäßtes, geknicktes Etwas, das ihm der Briefträger auf den Schreibtisch schiebt.
Verpacken Sie also Ihre Unterlagen so, daß sie sauber und ordentlich ankommen, so, wie Sie sie einen Tag zuvor eingetütet haben. Und: Achten Sie auf das richtige Porto, wenn Sie die Sendung aufgeben! Wenn der Empfänger Ihrer Bewerbung auch noch Strafporto bezahlen muß, hat er die Nase von Ihnen damit schon gestrichen voll und Ihre Bewerbung landet – wenn sie überhaupt angenommen wird – fast sicher auf dem Ablehnungsstapel. Zu Recht, denn von einem erwachsenen Menschen muß man erwarten können, daß er einen Brief richtig frankiert, alles andere wird als Lebensuntüchtigkeit ausgelegt. Und wer will das schon sein? Wenn Sie Ihre Bewerbung als Paket schicken, achten Sie bitte ebenfalls darauf, daß dem Empfänger keine weiteren Kosten entstehen.

Außerdem noch ein Hinweis: Bei der zum Teil großen Unzuverlässigkeit der Post (ein Berliner Journalist ermittelte auf dem Postweg zu seinem Hamburger Büro eine Verlustquote von über zwanzig Prozent) mag es auf den ersten Blick sinnvoll erscheinen, die Bewerbung als Einschreiben zu schicken. So hat man einen Beleg dafür, daß man sie abgesandt hat. Fehlanzeige: Sparen Sie sich das zusätzliche Entgelt, denn eine Einschreibesendung wirft einige Probleme auf. Falls nämlich die Sendung – aus welchem Grund auch immer – nicht persönlich zugestellt werden konnte, landet sie in der Postlagerung. Bis sie dort jemand abholt, können schon mal ein paar Tage vergehen, Ihre Bewerbung geht dann später ein als viele andere, die erst nach Ihnen losgeschickt wurden. Ihre Schnelligkeit würde nicht belohnt werden. Dazu kommt, daß, falls die Sendung wirklich verlorenginge, Sie zwar einen Beleg von der Post hätten (für den Sie im Verlustfall nach einem erfolglosen Nachforschungsantrag 50 Mark bekämen ...), wem aber wollen Sie diesen Beleg zeigen? Dem Personalbearbeiter etwa? Verschicken Sie den Brief normal und fragen Sie lieber nach, wenn Sie nach etwa zwei bis drei Wochen noch keine Rückmeldung erhalten haben, ob Ihre Unterlagen eingegangen sind.

Das Vorstellungsgespräch:

Wie Sie sich optimal darauf vorbereiten und sich richtig verhalten

Glückwunsch, wenn Sie bis hierhin gekommen sind – Sie haben die meisten Ihrer Mitbewerber hinter sich gelassen. Doch nun taucht erst die richtige Arbeit auf, vor allem bei einem Vorstellungsgespräch in der Werbebranche, wo immer noch eine Extrawurst gefordert wird.

Also, dann legen wir mal los: In einem Vorstellungsgespräch geht es für beide Seiten – Interessent und potentieller Arbeitgeber – vorrangig darum, sich persönlich kennenzulernen. Gaben die schriftlichen Bewerbungsunterlagen Auskunft über die fachliche Eignung des Bewerbers für die angebotene Tätigkeit, so soll das persönliche Gespräch einfach zeigen: Wie tritt der Bewerber auf – von seiner Art und Optik her? Und: Hält er oder sie »live« das, was die schriftliche Bewerbung verspricht? Für den Bewerber wiederum geht es darum, sich

das Unternehmen seiner Wahl anzuschauen – und nicht zuletzt auch die Leute, die dort arbeiten.
Bei einem Vorstellungsgespräch läßt sich zumeist schon sehr gut erahnen, wie das Betriebsklima ist und ob man sich vorstellen könnte, in diesem Unternehmen zu arbeiten. Denn – bei allem Pragmatismus – in den meisten Fällen ist es so, daß der erste Eindruck der richtige ist. Wenn einem schon beim ersten Mal vieles nicht gefällt, so wird sich das im Laufe des Berufslebens, falls man die Stelle dennoch annimmt, immer weiter fortsetzen und man sollte sich einen solchen Schritt deshalb gut überlegen. Das gleiche tut nämlich auch der potentielle Arbeitgeber: Er schaut sich die Bewerber allesamt sehr genau an, um genau den Richtigen oder die Richtige für die ausgeschriebene Position zu finden.

Bereiten Sie sich also gut auf das Gespräch vor: Man erwartet von Ihnen, daß Sie über sich selbst, Ihre Fähigkeiten und Fertigkeiten, und über das, was Sie in dem Unternehmen erreichen wollen, ganz genau Bescheid wissen und sich auch schon in Grundzügen über das Unternehmen informiert haben. Und ziemlich sicher, gerade in der Werbung, erwartet man von Ihnen auch noch ein Quentchen Selbstdarstellungskönnen und eine Prise Esprit und Charme, denn das sind Grundvoraussetzungen für das Auftreten in der Werbebranche. Zurückhaltende und schüchterne Menschen sind für diese Jobs kaum geeignet, schließlich geht es in der Werbung um (die oftmals eitle) Selbstdarstellung gegenüber den Werbekunden und letztlich natürlich um die Darstellung des Kunden in der Öffentlichkeit. Dabei darf man nicht scheu sein. Doch das sollten Sie sich schon vor Ihrer Bewerbung überlegen – wenn Sie erst mal in der Höhle des Löwen der Einstellungskommission gegenübersitzen, müssen Sie überzeugend auftreten können.

Zurück zur Vorbereitung: Überlegen Sie sich, was Sie für das Unternehmen tun können und wollen, auf was Sie sich freuen würden und so weiter – tun Sie für sich so, als würden Sie bereits in dem Unternehmen arbeiten und müßten sich reale Gedanken über Ihre Arbeitsprojekte machen. Auf diese Weise entwickeln Sie eine Verbundenheit mit der Firma, die sich im Gespräch als sehr vorteilhaft für Sie erweisen kann. Tragen Sie dabei aber nicht zu dick auf und erzählen, was Sie alles umkrempeln wollen, »damit der Laden mal richtig läuft«, sondern vergegenwärtigen Sie sich trotz aller Verbundenheit, daß Sie zunächst einmal nur ein Besucher für ein oder zwei Stunden des Gesprächs sind. Ob mehr daraus wird, bestimmen zum großen Teil Sie selbst mit Ihrem Auftreten!
Wenn Sie sich bereits zu Hause in Ruhe auf die voraussichtlichen Fragen vorbereiten, werden Sie so schnell auch keine unangenehmen Überraschungen oder überlange Pausen zum Nachdenken erleben. Überlegen auch Sie für sich schon vorher, was Sie später zum Unternehmen fragen wollen.

Noch ein Wort zu den Formalitäten: Wenn Sie eine schriftliche Einladung zu einem Vorstellungsgespräch bekommen, bestätigen Sie diesen Termin bitte unbedingt per Telefon oder Fax. Falls man Sie anruft, zeigen Sie sich bitte erfreut darüber, auch wenn Sie gerade mit etwas anderem beschäftigt sind. Versuchen Sie, sich schnell auf Ihren Gesprächspartner einzustellen.

Wenn es dann soweit ist, planen Sie genügend Zeit für die Anreise ein und nehmen Sie Proviant mit – so kommen Sie erholt an und gehen sicher, daß Ihr Magen während des Gesprächs nicht knurrt (Sie sollten bitte auch dafür sorgen, daß Sie für eine gewisse Zeit nicht zur Toilette müssen ...).

Überlegen Sie außerdem vorher, was Sie auf die Frage antworten wollen, was Sie verdienen möchten – vermeiden Sie es, erst nach der Frage darüber nachzudenken und unsicher zu wirken. Was Sie verdienen müssen, wissen Sie selbst als Berufspraktiker am besten, als Einsteiger können Sie sich über Berufs- und Fachverbände sowie über Arbeitsämter und entsprechende Ratgeberbücher informieren.

Und dann kommt Ihr großer Auftritt: Sie werden in der Firma empfangen werden, die Sekretärin wird Sie vermutlich bitten, einen Augenblick Platz zu nehmen und zu warten – und schließlich werden Sie vor der Tür stehen, durch die Sie eintreten sollen ins Reich der Werbe- und Personalchefs: Klopfen Sie bestimmt (nicht hämmern, aber auch nicht streicheln) an und treten Sie in den Raum ein. Warten Sie nicht auf ein weiteres »Herein« – das kompliziert die Sache unnötig und wirkt unentschlossen. Gehen Sie flott auf Ihre Gesprächspartner zu und achten Sie beim Händedruck bitte darauf, Ihrem Gegenüber nicht die Hand zu zerquetschen. Ihr Händedruck sollte allerdings schon spürbar sein. Wenn Sie sich nun hinsetzen, werden Sie sehen, daß die Werbeleute wahrscheinlich einen einigermaßen schicken Anzug sowie ein weißes oder dunkles Hemd ohne Krawatte tragen (das gilt als lässig in der Branche). Sollten Sie im selben Aufzug dort sitzen, haben Sie schon einen Pluspunkt gemacht. Was Kleidung allgemein angeht, geht es bei den Werbern eigentlich genauso konservativ zu wie zum Beispiel bei Banken oder im Handel – aller-

dings auf eine zum Teil etwas andere Art und Weise, die schlicht und einfach nur ein bißchen mehr etepetete ist (wie die Sache, daß man auf Krawatte getrost verzichten darf – wenn man nur das richtige Armani-Oberhemd trägt). Eine trendige dunkle Jeans oder 501-Cord zum Jackett ist in aller Regel auch in Ordnung. Für Frauen gilt auch: Nicht zu superbieder, denn Werbeagenturen verkaufen Trends, deshalb sollten die Mitarbeiter nicht wie graue Mäuse aussehen. Natürlich sind die meisten Agenturen nicht wirklich cool – allzugrelle Outfits machen aus diesem Grund nur Sinn, wenn man sich vorher gut informiert, mit wem man es zu tun hat. Auf keinen Fall aber sollten Sie zu einem Gespräch – als was Sie sich auch immer bewerben – in preiswertem Kaufhauschic erscheinen. Besser eine Jeans und Jackett von Rang und Namen, als einen 199-Mark-Anzug vom Versandhaus, denn Werber haben einfach eine Marotte (das bringt ihr Job so mit sich): Sie sind absolut markenversessen! Gutes Schuhwerk ist genauso wichtig – bei jungen Leuten ist auch Szene-Schuhwerk wie zum Beispiel DocMartens-Schuhe absolut okay –, zeigt es doch, daß der Bewerber weiß, was seine Altersgruppe trägt. Keine Agentur möchte sich einen 25jährigen Frühergreisten ans Bein hängen. Nein, die Werbung braucht Leute mit Gefühl für Trends und Moden ihrer Generation.
Und damit zum Schlimmsten, was Sie tun können: Weiße Tennissocken. Wenn Sie morgens vor dem Bewerbungsgespräch aufwachen und feststellen, daß Sie kein einziges Paar saubere Socken mehr im Schrank haben, denken Sie gar nicht erst an das Paar Tennissocken, das da noch rumliegt! Klingeln Sie lieber beim Nachbarn und leihen sich was. Oder malen Sie ihre Füße und Knöchelregion mit einem Edding schwarz an – tun Sie, was Sie in einer solchen Situation für richtig halten.

Nur: Vergessen Sie die weißen Socken! Aber ernsthaft, achten Sie einfach darauf, daß alles stimmt. Socken und Schuhe sollten am besten dieselbe Farbe haben und die Kleidung darüber auch einigermaßen stimmig sein.

Zurück zur Gesprächsführung: Sie sollten versuchen, so natürlich wie möglich aufzutreten. Machen Sie keinem etwas vor – seien Sie einfach Sie selbst! Lassen Sie sich nicht alles aus der Nase ziehen, sondern zeigen Sie Eigeninitiative: Erzählen Sie von dem, was Sie gemacht haben und was Sie an der neuen Aufgabe reizen würde, zeigen Sie Begeisterung. Achten Sie dabei darauf, daß Sie nicht laut, sondern interessant oder (wenn Sie's können) charmant vorgehen – versuchen Sie, Ihr Gegenüber für sich zu gewinnen! Ein gutes Gespräch ist mehr als der halbe Gewinn. Wenn Sie vorher wissen, was Sie wollen und sich gut vorbereiten, haben Sie Ihren Traumjob vielleicht schon bald in der Tasche!
Machen Sie sich auch auf die Frage nach Ihrer Bewerbungskampagne gefaßt – wie Sie auf die Idee gekommen sind, was Sie damit ausdrücken wollen und so weiter. Erzählen Sie den Werbemenschen ruhig, daß Sie Ihren Fernseher immer pünktlich zur Werbung ein- und zum Spielfilm ausschalten. Daß Sie als Kind schon Reklame konzipiert haben, als Sie Ihre alten Comics auf dem Flohmarkt zu verscheuern suchten – natürlich war damals schon der Verkaufserfolg abhängig von der Qualität Ihrer jeweiligen Kampagne. So könnten Sie gelernt haben, wie Werbung funktioniert und ein Faible für sie entwickelt haben. Auf Nachfrage der Damen und Herren von der Einstellungskommission sollten Sie zumindest eine dieser Kindheitskampagnen noch vor Augen haben, möglichst so genau, wie man es eigentlich gar nicht behalten kann, wenn es wirklich

so gewesen sein sollte. Aber wie es wirklich war, das interessiert die Werber sowieso eher wenig, für sie zählt nur die Welt des Scheins, und die sollten Sie in möglichst bunten Farben schildern können. Schließlich wird man das später bei jeder Kampagne von Ihnen fordern!

Um herauszufinden, ob Sie das leisten können, gibt es in der Werbebranche – mal abgesehen vom Vorstellungsgespräch – ähnlich wie in anderen Berufsfeldern, wo verschiedene Einstellungstests, psychologische Tests und Assessment-Center herangezogen werden, ein weiteres Verfahren, das bei Berufseinsteigern im Bereich Text (z. B. Juniortexter) verwendet wird, um deren Tauglichkeit zu ermitteln:

Der Copytest:

Kreative Hürde für junge Texter

Wenn Sie beim Vorstellungsgespräch einen guten Eindruck machen und zu den bevorzugten Bewerbern gehören, wird man Ihnen, sofern Sie noch keine großen Berufserfahrungen auf dem Werbetextsektor vorweisen können, einen sogenannten »Copytest« in die Hand drücken, den Sie bearbeiten müssen (entweder zu Hause, weil er aufwendiger ist und einige Zeit in Anspruch nimmt, oder direkt in der Agentur, wenn man Ihre Ideenausschüttung in kurzer Zeit ermitteln möchte). Bei einem solchen Test wird Ihnen zum Beispiel die Aufgabe gestellt, für eine Zigarettenmarke einen Slogan zu entwickeln.

Danach müssen Sie vielleicht ein Produktinfo texten und eine Idee für einen Fernsehspot entwickeln. Man verlangt von Ihnen, daß Sie Spots und Kampagnen, die aktuell im Fernsehen laufen oder in Printmedien geschaltet sind, kennen und auf ihre Qualität hin beurteilen können. Oder Sie müssen in wenigen Worten beschreiben, warum Sie Texter werden wollen. Sie sehen, hier ist nur Ihr Können gefragt. Rasche Auffassungsgabe und ein hoher Output an guten, umsetzbaren Ideen. Wenn Sie wirklich texten wollen, müssen Sie so etwas können – es hilft ungemein, wenn man vorher schon mal (ob in einem anderen Bereich oder nur so zum Spaß) irgendwelche Sachen getextet hat. »Learning by doing« heißt das Geheimrezept, aber spätestens die Bewerbung muß gut getextet sein, um überhaupt an ein Vorstellungsgespräch und damit an den Copytest heranzukommen!

Die Zeit des Wartens – und danach

Nur in den seltensten Fällen wird man Sie nach dem Gespräch direkt vor Ort informieren, ob Sie den Job bekommen werden oder nicht. Damit will man erstens unnötige Diskussionen mit enttäuschten Bewerbern vermeiden und zweitens sich selbst Luft verschaffen, um die Bewerbergespräche noch einmal in Ruhe zu überschlafen. Nur so läßt sich feststellen, ob der gute Eindruck eines Bewerbers auch eine gewisse Zeit überdauert oder ob es nicht doch die gute Laune des Personalchefs an jenem Tag war, die ihn zu dem positiven Urteil über den Bewerber veranlaßte.

Wenn Sie genommen werden, erfahren Sie das in der Regel aber schon nach sehr kurzer Zeit – zwischen einem Tag und einer Woche liegt allerdings alles drin, bei größeren Unternehmen kann die Zeit des Wartens nach dem Vorstellungsgespräch auch schon mal noch länger sein. Da die Werbebranche aber hauptsächlich aus kleineren und mittleren Unternehmen besteht, werden Sie hier nicht lange auf eine Antwort warten müssen. Fragen Sie innerhalb dieser Zeit bitte nicht nach – die Leute werden sich schon bei Ihnen melden, wenn Sie etwas von Ihnen wollen. Wenn nicht, dann haben Sie nach zwei bis vier Wochen Ihre Bewerbungsunterlagen mit einem Standardschreiben versehen im Briefkasten liegen – auf ein neues, heißt es dann!

Falls Sie den Anruf (oder Brief) erhalten, daß Sie es geschafft haben, bedeutet das für Sie, daß Sie sich (nach einem Glas Sekt) gezielt auf die neue Tätigkeit vorbereiten müssen. Schließlich wollen Sie nicht am ersten Tag ankommen und wie ein verlorengegangenes Kind wirken (das werden Sie sowieso – Sie können ja unmöglich schon am ersten Tag alles wissen, das soll Sie aber nicht davon abhalten, schnell zu lernen), sondern Sie sind daran interessiert, einen engagierten und arbeitswilligen Eindruck bei Ihren Kollegen und Vorgesetzten zu hinterlassen. Fragen Sie ruhig im Vorfeld mal an, was für eine Kampagne gerade von Ihrer Abteilung (oder »Unit«) bearbeitet wird oder wofür Sie eingeplant sind. Schauen Sie auch schon mal vorher dafür im Betrieb vorbei – nur so zum »Schnuppern«. Bleiben Sie nicht zu lange, denn Sie wollen niemandem auf die Nerven gehen, aber doch so lange, daß Sie sich schon mal kurz bei einigen Kolleginnen und Kollegen vorstellen können. Vergessen Sie nicht den Pförtner

oder die Sekretärinnen, sie gehören zwar nicht zur kreativen Welt, aber machen Ihnen jeden Morgen die Tür auf und arrangieren Ihre Termine – ein freundliches Wort hat noch keinem geschadet! Auf diese Weise werden Sie sich einen guten Einstand verschaffen. Wenn Sie sich nun noch Mühe geben, von Anfang an teamfähig mitzuarbeiten, und sich nicht scheuen, auch mal dumme Fragen zu stellen, wenn Ihnen etwas nicht klar ist (anstatt altklug zu erscheinen), werden Sie einen leichten Start haben. Auch wie Sie später weiterkommen, das hängt nicht nur von Ihrer Leistung ab, sondern auch von Ihrer Umwelt.
Gerade in der Werbung, wo jede Kampagne von Teams produziert und verkauft wird, sollte man sich das immer mal wieder in Erinnerung rufen, wenn Gefahr droht, den Bodenkontakt zu verlieren …

ARBEITSFELD MEDIEN

Nun, die Medien sind ein weites Feld: Man kann Journalist bei Radio, TV- oder Printmedien sein, als Multimedia-Anwender arbeiten, als PR- oder Fachjournalist, als Moderator, Drehbuchautor, Regisseur oder Rechercheur und, und, und ... So vielfältig wie die Berufsmöglichkeiten sind auch die Bewerbungsmöglichkeiten – eine Standardbewerbung reicht da längst nicht aus. Jedes spezifische Tätigkeitsfeld erfordert von den Bewerbern auch eine spezielle Vorstellungsweise: Ein Multimediaprofi könnte sich per E-Mail bewerben (was übrigens schon häufig gemacht wird, zumindest, was die Kontaktaufnahme und Kurzbewerbung angeht), ein Musik-TV-Moderator wird wahrscheinlich ein Video von sich schicken, und jemand, der sich als Öffentlichkeitsarbeiter bei Mercedes-Benz oder als Redakteur bei der FAZ vorstellen möchte, wäre am besten beraten, eine eher nüchterne, dafür aber seriöse und ruhig ein bißchen fein wirkende, herkömmliche Bewerbung per Post zu verschicken. Ein Lokalreporter könntc direkt in der Redaktion auftauchen und fragen, ob ein Termin am heutigen Tag noch unbesetzt sei: Ausgerüstet mit Stift, Papier und Kamera könnte er sofort zum Fußballspiel ins Nachbardorf fahren und am selben Nachmittag noch den fertigen Artikel vorbeibringen – sozusagen als Einstiegsempfehlung. Wieso auch nicht?

Man sieht, es gibt unzählige Möglichkeiten – jeder muß den für sich selbst richtigen Weg herausfinden. Gefragte Tugenden in den Medien sind neben Ideenreichtum, einer flotten Ausdrucksweise und Belastbarkeit auch Zuverlässigkeit und

Teamfähigkeit. Ein weiteres Plus kann derjenige vorweisen, der wie die Programmierer in Douglas Couplands Roman »microserfs« (Angestellte der Firma Microsoft) kein Privatleben hat bzw. benötigt und von morgens bis abends dem Beruf (der ja eigentlich ein bezahltes Hobby ist …) leidenschaftlich frönen kann.
Ein Ressortchef einer norddeutschen Regionalzeitung fragte einen jugendlichen Praktikanten im Bewerbungsgespräch sozusagen von Mann zu Mann: »Was, Journalist wollen Sie werden – wollen Sie denn nicht heiraten und Familie haben?« Der Ressortchef selbst hatte sich nach zwei Scheidungen, die aus seinem 24-Stunden-Job resultierten, schließlich für den einzig möglichen Platz, wo sein Bett stehen könne, entschieden: in seinem Büro im siebten Stock des Verlagshauses.

Branchenthermometer Medien

kochendheiß	100 Grad	________
sehr heiß	80 Grad	________
heiß	60 Grad	________
wohltemperiert	40 Grad	________
frisch	20 Grad	________
unterkühlt	0 Grad	________
eiskalt	–20 Grad	________

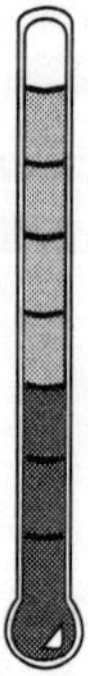

Arbeitsklima in den Medien

Wie heiß oder kalt der Wind ist, der einen in der Medienbranche umweht, hängt ganz davon ab, in welcher Redaktion man landet: Boulevardmedien wie BILD, BUNTE oder EXPLOSIV TV garantieren immer brennendheiße Luft, heiß aufgeblasene Themen und ein wahrhaft explosives Redaktionsklima. Äußerungen wie die eines BUNTE-Chefredakteurs, der eine Redakteurin als »Mutter aller Schnecken« bezeichnete, weil sie ihm nicht schnell genug ein neues Thema recherchiert hatte, sind da nicht selten. Wenn man sich unter Redakteuren umhört, die mal bei BILD gearbeitet haben, wird schnell deutlich, daß man schon ein harter Bursche oder eine harte Frau sein muß, um das durchzustehen. Ihre Bewerbung sollte diesem Arbeitsklima ruhig Rechnung tragen und lieber zu reißerisch als zu konventionell daherkommen.
Ganz anders natürlich Medien wie die FAZ oder DIE ZEIT: Hier scheint die Zeit tatsächlich vor einigen Jahrzehnten stehengeblieben zu sein – zumindest, was das Layout angeht. Die Themen sind alles andere als Aufreißer, und das Arbeitsklima in den Redaktionsräumen dürfte dem einer Privatbank oder einer Unternehmensberatung schon sehr nahe kommen. Wer hier mit flotten Sprüchen und dem »Knüller für Ihr Blatt« auftaucht, wird außer dem Pförtner niemanden kennenlernen. Dazwischen liegen irgendwo der PR-Journalist der Firmenzeitschrift und der Reporter beim Lokalblatt. Sie sehen: Das Klima in der Medienbranche ist differenziert zu betrachten – je nachdem, wo Sie landen wollen.

Der erste Schritt:

Überlegen Sie, was den Wunschjob charakterisiert und was das für die Bewerbung heißt!

Wie bereits oben angerissen: Jemand, der sich wünscht, bei der FAZ oder der Wochenzeitung DIE ZEIT angestellt zu werden, muß sich darüber im klaren sein, daß seine Bewerbung keine bunte, grelle Kampagne sein darf, sondern sein Fachwissen und seine journalistische Ernsthaftigkeit herausstellen muß. Die BUNTE hingegen wird nichts gegen einen journalistischen Aufreißer haben, denn hier ist Entertainment angesagt, bei den vorhergenannten Redaktionen Information und Diskussion. Mit Ihrer Bewerbung müssen Sie sich dieser Tendenz des Unternehmens Ihrer Wahl anpassen. Zeigen Sie, daß Sie wissen, auf was Sie sich einlassen, und daß Sie damit gut umgehen können. Es nützt nämlich nichts, wenn Sie sich verstellen: Wenn Sie lieber Musikvideos im Fernsehen ansagen wollen, brauchen Sie sich gar nicht erst beim Wirtschaftsteil Ihrer Tageszeitung zu bewerben – es würde Sie zu Tode langweilen (und die Leser genauso).

Aber so eindeutig sind die Präferenzen meistens nicht verteilt, und viele Bewerber sehen ihre Chancen und Interessen in den oft unterschiedlichen Bereichen: Aufgrund Ihres Computerverstands könnten Sie als »Online-Redakteur« oder »Multimedia-Regisseur« arbeiten. Ihr Fachstudium in Volkswirtschaft, Politik oder Jura empfiehlt Sie als politischen Journalisten. Und Ihr großes Hobby – zum Beispiel Sport oder Musik – würde aus Ihnen einen hervorragenden Präsentator

einer derartigen Sendung machen. Im Fernsehen? Ja, weshalb nicht, schließlich sehen Sie nicht schlecht aus, und viele Leute sagen, Sie hätten eine enorme Ausstrahlung ... Wenn Sie sich hier und da ein wenig wiedererkennen, dann ist das noch kein Grund zur Besorgnis, freuen Sie sich, daß Sie in so vielen Bereichen tätig sein können und wollen.
Diversifikation wird auf dem Arbeitsmarkt der Zukunft viele Türen öffnen. Nur: Achten Sie bei Ihrer Bewerbung bitte darauf, sich *speziell* zu bewerben! Machen Sie Ihre Informationspolitik vom Image des jeweiligen Wunscharbeitgebers abhängig – seien Sie zu jedem so, wie er Sie gerne hätte, und Ihre Erfolgsaussichten werden steigen!

Die Kampagne für sich selbst

Entwerfen Sie für jeden potentiellen Arbeitgeber eine spezielle Strategie: Auch wenn Sie auf diese Weise jede Menge Arbeit in Ihre Bewerbung stecken – der Erfolg wird es Ihnen danken. Vergessen Sie die fünfzig Bewerbungen, die Sie verschicken wollten, stellen Sie zehn oder fünfzehn richtig gute zusammen, sie werden Ihnen weitaus mehr Glück bringen als tonnenweise Standardschreiben! An einer guten Bewerbung inklusive Idee dürfen Sie ruhig einen halben Tag sitzen – plus Fotos und Materialbeschaffung. Wenn Sie während der Woche nicht die Zeit dafür aufbringen können, verlegen Sie Ihre Bewerbungstätigkeit auf das Wochenende. Schließlich bewirbt man sich ja nicht jeden Tag, da kann man schon mal etwas Freizeit opfern. Ihr Wunschjob müßte Ihnen das wert sein.

Schreiben Sie auf einem Zettel alles auf, was Ihnen an Bewerbungsideen einfällt – auch wenn Sie sich für eine ziemlich konventionelle Zeitung bewerben, lassen Sie zunächst nichts außer acht (es könnte ja sein, daß Sie mit einer ungewöhnlichen Bewerbungsidee bei einem grauen Blättchen die Lust nach mehr Farbe wecken …). Diese Auflistung gehen Sie nun in Ruhe durch und überlegen, was von den Ideen zu Ihrer Persönlichkeit und zum Image des Unternehmens, das angeschrieben werden soll, am besten paßt. Wenn Sie sich für eine Idee entschieden haben, verfolgen Sie diese so konsequent wie möglich: Es reicht nicht, irgendein Gimmick (weil's so lustig oder cool aussieht) mit der Bewerbung zu präsentieren, und damit ist es gut – nein, in der ganzen Bewerbung muß ein roter Faden erkennbar sein.

Wenn Sie sich bei einem Comic-Verlag als Zeichner und Schreiber bewerben, sollten Sie die Möglichkeit nutzen, Ihre Fähigkeiten zu präsentieren. Es ist aber langweilig, wenn Sie nun einfach das Deckblatt Ihrer Bewerbung als Mini-Comic zeichnen und dann mit keinem Wort auf Ihre kleine Geschichte zurückkommen. Besser wäre es, wenn Sie das Mini-Comic in Ihrem Anschreiben fortsetzen oder darauf zu sprechen kämen (auf die konkrete Geschichte, die zum Beispiel von einem Comic-Zeichner handeln könnte, der sich um einen Arbeitsplatz bewirbt …), oder aber, wenn Sie konsequent die ganze Bewerbung als Comic (in dem natürlich Sie und das angeschriebene Unternehmen die Hauptpersonen sein sollten!) verfassen. Das wäre eine interessante und dem angestrebten Arbeitsplatz entsprechende Bewerbungsstrategie. Wenn Sie sich als Promoter bei einer Plattenfirma bewerben, könnten Sie eine CD dieser Plattenfirma vorne auf Ihre Bewerbung kleben und dazuschreiben: »Weil Sie immer meine Lieblingsplatten veröffentlichen, möchte ich nun auch mal etwas für SIE tun!« Und wenn Sie Pressechef einer Chemiefirma werden wollen, bewerben Sie sich bitte mit einer tadellosen und souveränen Bewerbung ohne diesen ganzen Schnickschnack, denn in einer solchen Position sind wiederum ganz andere Fähigkeiten gefragt.

Wenn Sie nun denken: »Hört sich alles irgendwie ganz interessant an«, dann haben Sie Ihren Platz noch nicht gefunden. Um herauszufinden, ob man sich bei einem bestimmten Medium und in einem bestimmten Job wirklich wohl fühlen würde, genügt es häufig schon, ein einfaches Schema zu entwickeln – von dem Medium, bei dem man sich bewerben möchte, und von den eigenen Vorstellungen (siehe Beispiel).

Der Vergleich

In diesem Fall scheinen sich zwei Traumpartner gefunden zu haben: Sie könnten sich guten Gewissens bei der Redaktion »Explosiv« bewerben – und würden einen Arbeitsplatz finden, der Ihnen Spaß machen würde (ob man Sie nimmt, ist natürlich eine andere Sache). Es hätte aber auch anders aussehen können – zum Beispiel, wenn Sie nur in einer Spalte Ihrer Selbsteinschätzung anders geurteilt hätten: So sehe ich mich und meine Vorstellungen

seriös ———X——————— boulevard
(Ihr Wunschmedium)

Meine Einschätzung der Redaktion »explosiv«/Unternehmen RTL:

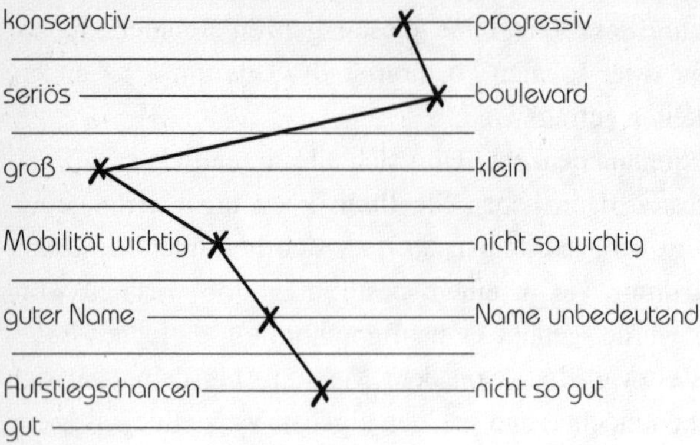

So sehe ich mich und meine Vorstellungen:

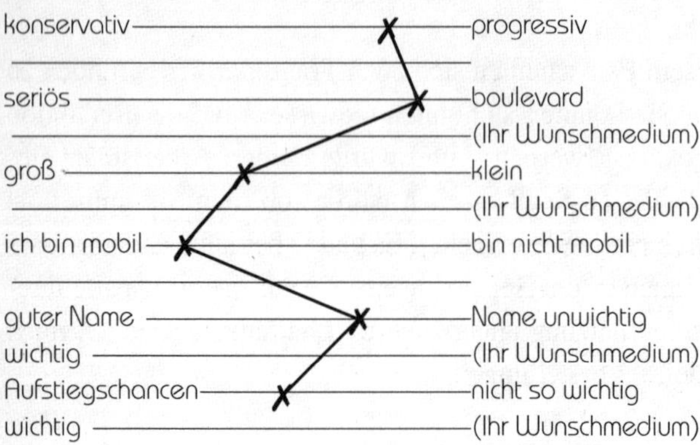

Es soll ja auch progressiv eingestellte Charaktere geben, die sich lieber seriösen Themen hingeben, und dabei vielleicht trotzdem keine besondere Abneigung gegenüber Yellow-Press und Königshäusern empfinden. Wenn Sie einen Job suchen (was ja häufig gar kein so leichtes Unterfangen ist), reagieren Sie womöglich positiv und interessiert auf eine Stellenanzeige eines solchen Mediums – ohne sich viel dabei zu denken. Doch wenn Sie sich wirklich mal ganz genau den Tagesablauf vorstellen, der vor Ihnen läge (mittags: Essen mit Königin Silvia, nachmittags: buchen eines Hubschraubers und Briefing des Schmierfotografen, welche Bilder von Silvias Sonnenbad am Pool ihrer Villa interessant für Ihr Magazin wären, morgens die Schlagzeile: »Nackte Königin fast im Pool ertrunken. Hubschrauber erschreckte sie zu Tode!« usw.), dann werden Sie es sich vielleicht doch noch mal überlegen – zumal, wenn Sie zuvor Texte für den Hochschulteil der FAZ geschrieben haben sollten …
Aber im Ernst: Man sollte sich wirklich ehrlich prüfen, denn von einer Tätigkeit zu träumen und gewisse Aspekte einfach zu verdrängen, ist etwas anderes, als das harte und reale Tagesgeschäft, das auf einen wartet, wenn man den Job erst mal bekommen hat.
Was Sie dann noch prüfen sollten, ist, ob Sie für eine bestimmte Stelle wirklich geeignet sind – erfüllen Sie die Kriterien einer Stellenanzeige tatsächlich, oder haben Sie diese nur flüchtig durchgelesen, wobei Ihnen etwas Wichtiges entgangen sein könnte? Machen Sie auch hier eine kleine Tabelle:

Stellenanzeige	**mein Profil**
Journalist gesucht	Volontariat bei Tageszeitung abgeschlossen
unbedingt abgeschlossenes Studium	Politikstudium nach drei Semestern abgebrochen
Berufserfahrung in Tageszeitungsredaktion	zwei Jahre während des Volontariats
Spezielle Kenntnisse der deutschen Innenpolitik	allgemeine Kenntnisse; Grundlage, um mich in spezielle Themen schnell einzuarbeiten
Einsatzort: Berlin	ich wohne in Köln, könnte aber problemlos und kurzfristig umziehen
usw.	

Wenn Sie alle Punkte nacheinander abhaken, die in der Stellenanzeige aufgeführt sind, werden Sie sehr schnell feststellen, ob es wirklich Sinn macht, sich zu bewerben: In dem vorliegenden Fall, zum Beispiel, wäre es wahrscheinlich nicht von Erfolg gekrönt, weil das inserierende Medium auf einem abgeschlossenen Studium besteht – ein wichtiger Punkt, den die Beispielperson nicht erfüllt. Natürlich müssen nicht alle Punkte erfüllt sein, doch manche sind so wichtig, daß man ohne sie nicht auskommt, auch wenn man sonst noch soviel zu bieten hat …

Wenn Sie nun wissen, wo Sie sich bewerben wollen, ist der nächste Schritt die Kontaktaufnahme:

Erste Kontaktaufnahme:

Schriftlich, telefonisch oder persönlich?

Das Beispiel des Lokalreporters, der einfach in der gestreßten Redaktion vorbeikommt, den nächstbesten Termin übernimmt und auf diese Art und Weise seinen Einstieg ins Team schafft (sehr empfehlenswert auch für Praktikanten und andere nebenberufliche Neueinsteiger), ist speziell für kleinere Lokal- und Stadtzeitungsredaktionen zu empfehlen – dort wird diese Art des direkten persönlichen Zugangs häufig gerne gesehen. Schließlich geht es nicht um Weltbewegendes, sondern um den örtlichen Sportverein oder die Einrichtung einer weiteren Tempo-30-Zone. Für solche Aufgaben braucht man keine journalistischen Profis, die mit allen Wassern gewaschen sind, sondern jemanden, der zuverlässig und einigermaßen begabt ist, alles weitere ergibt sich dann von selbst.
Das ist bei großen Redaktionen und Pressestellen bedeutender Unternehmen natürlich etwas anderes – die ARD würde wahrscheinlich Probleme bekommen, wenn sie einen durch die Tür hereinspazierten Rentner, der sich ein paar Mark dazuverdienen möchte, oder einen 18jährigen Praktikanten nach Washington zum Interview mit Bill Clinton schicken würde. Hier kann man nicht einfach so reinspazieren (dafür sorgen schon die Pförtner, die es bei einer Lokalzeitung in der Regel nicht gibt ...), sondern man muß sich etwas anderes einfallen lassen: Unabhängig davon, ob Sie auf eine Zeitungsanzeige antworten oder sich auf eigene Initiative bewerben, ist die schriftliche Bewerbung hier immer noch die beste Chance – telefonisch sollten Sie höchstens nachhaken.

Formales Muster eines Anschreibens

Michael Schreiber
Ginsheimer Allee 73
45789 Schreibstadt
Tel./Fax: …

Zweites Deutsches Fernsehen (ZDF)
Personalabteilung
z. H. Herrn/Frau …
Postfach 40 40

55100 Mainz *Schreibstadt, 5. August 1997*

Bewerbung als …
Ihre Anzeige in der … vom …

Sehr geehrte(r) Frau/Herr XY,
(falls unbek.: Sehr geehrte Damen und Herren)

. . . .
. . . .
. . . .
. . . .

Mit freundlichen Grüßen
(handschriftliche Unterschrift)

Anlagen: Lebenslauf, Foto, Zeugniskopien, Arbeitsproben

Der wichtigste Punkt dabei ist, daß Sie einer schriftlichen Bewerbung Ihre Arbeitsproben beilegen können, denn darauf kommt es an. Diese Leute wollen, vor allen Zeugnissen und guten Noten, hauptsächlich sehen: Wie schreibt der Bewerber, wie tritt er vor der Kamera auf, was hat er für Leistungen in unserem Bereich erbracht? Deshalb ist freie Mitarbeit häufig die beste Bewerbung für eine spätere Festanstellung ohne großes Bewerbungsprocedere. Was E-Mail-Bewerbungen angeht, so sind sie als Kurzbewerbung für entsprechende Arbeitsbereiche absolut gut geeignet – allerdings muß man, wenn das entsprechende Unternehmen Interesse signalisiert, noch eine komplette Bewerbung nachreichen (mit Glück darf man sie allerdings schon zu einem Vorstellungsgespräch mitbringen!). Deshalb: Überlegen Sie in Ruhe, welcher Weg für Sie der beste ist und nehmen Sie erst dann mit klarem Kopf Kontakt auf!

Das Anschreiben:

Ihr Schlüssel zum Bewerbungserfolg

Das Anschreiben ist das, was der Empfänger Ihrer Bewerbung als erstes liest, deshalb sollte es so interessant wie nur möglich verfaßt sein. In der Medienbranche, wo es in erster Linie auf Unterhaltung ankommt, darf Ihr Anschreiben keiner Schlaftablette gleichen. Egal, ob Sie sich bei einer konservativen und als etwas langweilig geltenden Tageszeitung oder bei RTL »Explosiv« bewerben – Sie müssen den Leser Ihrer Bewer-

bung mit den ersten Sätzen fesseln und ihn somit animieren, auf alle Fälle weiterzulesen! Das schaffen Sie nur, wenn Sie sich vorher jedes Wort genau überlegen – gleichsam einem Magazin-Journalisten, der jeden Doppelpunkt und jedes Komma, kurze und lange Sätze abwechselnd gezielt einsetzt, um dem Leser das optimale Lesevergnügen zu bereiten. Soviel zur inhaltlichen Aufmachung.
Ebenso wichtig sind gewisse Äußerlichkeiten. Je nach Medium dürfen Sie zwar gerne buntes Papier oder bunte Schrift aus dem Laser- oder Tintenstrahldrucker benutzen, in aller Regel sollte es jedoch ein herkömmliches weißes Papier von mindestens achtzig Gramm sein. Ihre journalistische Ehre sollte Sie dazu veranlassen, keine Rechtschreib- oder Kommafehler durchgehen zu lassen (übrigens: in einer Bewerbung wird nicht korrigiert, sondern sie wird neu geschrieben), denn das würden Sie dann ja später im Berufsalltag auch tun. Ergebnis: unzumutbare Zustände für Mediennutzer! Die Tendenz bei Medien geht dahin, daß Sie durch Inhalt und Wortwahl, eventuell durch Wahl des Präsentationsmediums wie z. B. E-Mail, bestechen und dabei gleichzeitig formale Vorgehensweisen berücksichtigen. Deshalb halten Sie sich bei Ihrem Anschreiben ruhig in etwa an das Muster eines herkömmlichen Briefs.

Verzichten Sie auf ein »Hochachtungsvoll« am Ende Ihres Briefes, was Sie als hoffnungslos antiquiert kennzeichnen würde, und nennen Sie bitte Ihren Ansprechpartner beim Namen. Letzteres hinterläßt auf Anhieb einen persönlicheren Eindruck. Schreiben Sie möglichst mit einem Computerprogramm und nicht auf einer alten Reiseschreibmaschine oder gar mit der Hand – heutzutage, wo in fast jedem Haushalt ein PC steht, wird zumindest von denjenigen, die in den Medien

tätig sind oder sein wollen, erwartet, daß sie einen Computer besitzen und damit umgehen können. Außerdem haben Sie viel mehr Gestaltungsmöglichkeiten mit einem solchen Programm und einem guten Drucker, und das wollen Sie doch – gestalterisch tätig sein, oder?
Ihre Bewerbung wird so einen professionellen Standard erreichen. Ihr Anschreiben sollte nicht länger als eine DIN-A4-Seite sein, darf und sollte diese aber ruhig ausfüllen! Schreiben Sie kurz und bündig, wer Sie sind, was Sie bisher gemacht haben und was sie für Ihren neuen Arbeitgeber in dem jeweiligen Job leisten wollen. Betonen Sie, daß Sie sich freuen würden, wenn Sie sich bei einem Vorstellungsgespräch persönlich unterhalten könnten. Auf diese Weise machen Sie einen wachen, interessierten Eindruck – und das ist das A und O für den Erfolg einer Bewerbung (müde und langweilige Menschen sind in den Medien nicht angesagt). Vermeiden Sie Floskeln und inhaltsleere Sätze – schreiben Sie lieber wenig, präzise und klar. Wenn Sie den Namen des Ansprechpartners haben, sprechen Sie ihn oder sie bitte direkt an. Es lohnt sich auch, sich den Namen, falls nicht bekannt, bei der Firma telefonisch über das Sekretariat zu besorgen, denn eine persönliche Anrede unter vielen anonym wirkenden Briefen fällt ganz eindeutig positiv heraus.

Der wichtigste Punkt Ihres Anschreibens: Schildern Sie *nicht*, was für ein toller Typ Sie sind, sondern schreiben Sie über das, was *Sie* der Firma *geben* können! Auch von Journalisten erwartet man in der Regel keine Selbstbeweihräucherung, sondern das Interesse am Unternehmen – und wenn Sie wirklich schon Großes vorzeigen oder anderweitig etwas vorweisen können, tun Sie das ruhig – aber tun Sie es sachlich!

»Understatement« ist das Zauberwort. Stellen Sie kurz Ihre wichtigsten Stationen in drci, vier Sätzen dar – ohne große Ausschmückungen. Keine Sorge: Die Personalbearbeiter können sehr gut einschätzen und beurteilen, was Sie bisher gemacht haben, solange Sie es nur vollzählig auflisten, die Beurteilung überlassen Sie also bitte ihnen!

Ansonsten gilt besonders bei Medienberufen: Das Anschreiben sagt auch etwas über die Art des Bewerbers aus, sich in Worten auszudrücken. Wenn Sie sich also als quirliger Fernsehmoderator oder Szene-Journalist bewerben, schreiben Sie bitte auch dementsprechend, man nimmt es Ihnen sonst einfach nicht ab! Denn darauf kommt es speziell im Anschreiben an: »Denen« zu zeigen, daß Sie und der Job unbedingt zusammengehören, und um das zu erreichen, müssen Sie bereits in Ihrem Schreiben »im Job drinstecken« und sich die Arbeit machen, Ideen zu entwickeln und zu äußern. So zeigen Sie, daß es Ihnen wirklich ernst ist.
Hier zwei Beispiele, wie Sie an verschiedenartige Redaktionen herangehen könnten:

A. Brief an eine Boulevard-Redaktion

Michael Menge
Klosterstr. 7
22304 Hamburg
Tel./Fax: …

Redaktion DYNAMIT
Personalabteilung
z. H. Herrn Sprengkopf
Berliner Wall 23
22459 Hamburg

Hamburg, 13. April 1997

Redakteur gesucht!
Ihre Stellenanzeige in der »Morgenpost«

Sehr geehrter Herr Sprengkopf,

Sie suchen jemanden, der schreiben kann? Und 24 Stunden am Tag einsatzbereit ist? Jemanden, der sein journalistisches Handwerk von der Pike auf gelernt hat – als Volontär bei BILD Hamburg und später als Polizeiredakteur bei der NEUEN PRESSE in Hannover?

Vielleicht bin ich Ihr Mann: Meine 26 Lebensjahre habe ich nicht nur hinter dem Ofen (und bei BILD, NEUE PRESSE) verbracht, sondern immer auf der Suche nach einer guten Story. Direkt nach dem Abi bin ich in die USA geflogen und habe dort zwei Monate lang Geschichten für deutsche Zeitschriften recherchiert und geschrieben. Dann das Angebot von BILD, ein Volontariat zu machen. Die NEUE PRESSE in Hannover, für die ich zur Zeit als Polizeiredakteur arbeite, würde ich gerne wieder in Richtung Hamburg verlassen – denn dort ist einfach mehr los als in der Leinestadt …

Und das bekommt DYNAMIT von mir: Flotte Schreibe und punktgenaue Headlines – alles immer termingerecht. Außerdem jede Menge Erfahrung im Boulevardbereich plus sehr gute Hamburg-Kenntnisse und weitreichende Szenekontakte. Dazu die Garantie, daß der Job immer an erster Stelle steht – auch, wenn es schon halb drei Uhr nachts ist.

Werfen Sie einen Blick in die nachfolgenden Arbeitsproben – und rufen Sie mich gerne bald an: Ab dem 1. Mai kann ich bei Ihnen starten!

Viele Grüße

Michael Menge

B. Brief an ein eher konservatives TV-Kulturmagazin

Marlies Michaelis
Berringer Str. 14
50483 Köln
Tel: …

NDR-Fernsehen
Personalabteilung
z. H. Frau Voigt
Rothenbaumchaussee
20345 Hamburg

Hamburg, 13. April 1997

Redakteurin für KULTUR-ZEIT gesucht!
Ihr Angebot in der FAZ vom 12. April 1997

Sehr geehrte Frau Voigt,

KULTUR-ZEIT sucht eine Redakteurin? Mit großem Interesse las ich gestern Ihre Stellenanzeige in der FAZ. Wie Sie vielleicht wissen, bin ich bereits seit zwei Jahren als freie Mitarbeiterin für die Redaktion KULTUR-ZEIT tätig und möchte mich nun für die ausgeschriebene feste Position bewerben.

Kurz zu mir: Nach dem Studium der Theaterwissenschaften in Bochum und Köln mit Magister-Artium-Abschluß 1993 habe ich (30) ein Volontariat beim WDR-Fernsehen absolviert: Seitdem arbeite ich frei für verschiedene Redaktionen, die sich mit kulturellen Ereignissen beschäftigen.

Mein großes Interesse galt schon seit jeher diesen Themen. Nicht zuletzt deshalb habe ich bisher erfolgreich mit der KULTUR-ZEIT-Redaktion zusammenarbeiten können. Diese Arbeit würde ich – sollten Sie mir die feste Position anvertrauen – gerne intensivieren. Ich habe viele Ideen, wie sich das bereits sehr erfolgreiche KULTUR-ZEIT-Konzept noch erweitern ließe – speziell in den Bereichen der »Neuen Medien« und der Zuschauereinbindung.

Doch darüber und über alles Weitere werden Sie sicher mit mir sprechen wollen, wenn Sie mich zu einem Vorstellungsgespräch einladen. Ich würde mich sehr darüber freuen!

Mit freundlichen Grüßen

Marlies Michaelis

Sie sehen: Grundsätzlich und formal unterscheiden sich beide Briefe gar nicht so sehr – der wichtige Unterschied liegt im Ton. Und den sollte jeder (angehende) Journalist und Schreiber beherrschen. Der erste Brief (an die Boulevard-Redaktion) ist weitaus dicker aufgetragen und schnoddriger – so wie es die Yellow-Press jeden Tag mit ihren Erzeugnissen vormacht. Mit dem großgeschriebenen Redaktionsnamen im Briefkopf haben Sie zudem ein formales Element, das an den Headline-Charakter dieser Medien erinnert.

Der zweite Brief ist auch unterhaltsam, aber weit gemäßigter. Ein Boulevardjournalist würde so nicht schreiben: Der Brief ist seriöser und zurückhaltender – wie es sich für einen Journalisten oder eine Journalistin gehört, die für ein solches Magazin arbeitet. Ein Boulevardjournalist hingegen darf nicht zurückhaltend sein, das wäre sein berufliches Aus. Trotzdem muß auch er aufpassen, daß sein Anschreiben immer höflich bleibt, schließlich will er sich bewerben, und dabei geht's in großem Maße auch um Sympathie.

So, das war's zum Thema Anschreiben – weiter geht's mit dem Lebenslauf:

Der Lebenslauf:

Kurze, prägnante News oder spannende Reportage?

Im Lebenslauf sollten Sie die Darstellungsform der journalistischen Nachricht beibehalten: Kurz, prägnant und präzise. Niemand hat die Zeit, ellenlange Berichte zu lesen. Natürlich kann es hin und wieder interessant sein, sein Leben etwa in die Form einer Reportage zu bringen – mit Bildern und allem Drum und Dran. Sie sollten das aber nicht zur Regel werden lassen und nur im Einzelfall (zum Beispiel, wenn Sie sich als »Reporter« bei einer Naturzeitschrift bewerben) zu diesem Stilmittel greifen, das viele Personalchefs zeitlich überfordert. Machen Sie's lieber kurz und prägnant wie die Tagesschau: Ihr Leben in wenigen Headlines. Das wird gerne gesehen und erlaubt einen raschen Überblick. Denken Sie bitte daran, daß der Lebenslauf eine Aufreihung von Fakten sein soll: Ihre Phantasie können Sie anhand Ihrer Arbeitsproben, Artikel, Sendungen usw. unter Beweis stellen. Im Lebenslauf kommt es auf Genauigkeit, Übersichtlichkeit und Richtigkeit der Daten an.

Muster eines tabellarischen Lebenslaufs

Lebenslauf	***Foto*** *(eingeklebt)*
Name:	*Michael Schreiber*
Wohnort:	*Ginsheimer Allee 73,* *45789 Schreibstadt,* *Tel. & Fax: …*
geboren:	*25. 3. 1965*
Familienstand:	*verheiratet, ein Kind*
Schulbildung:	*19.. bis 19..: Grundschule Schreibstadt* *19.. bis 19..: Gymnasium Schreibstadt-Saar mit Abitur 19..*
Zivildienst:	*19.. bis 19..: Kinderheim Ellwang*
Berufsausbildung:	*19.. bis 19..: Volontariat bei PC-heute*
Studium:	*19.. bis 19..: Publizistik und Politik an der Universität …,* *mit Magister-Artium-Abschluß 19..*
Berufspraxis:	*19.. bis 19..: Redakteur bei online-service, Bamberg*
sonstiges:	*seit 19..: Eingehende Beschäftigung mit dem Thema Computer und Multimedia, auf diese Weise Berufseinstieg bei PC-heute*

Schreibstadt, 5. August 1997
(handschriftliche Unterschrift)

Je weiter Sie kommen, desto mehr von Ihren Anfängen dürfen Sie weglassen – wenn Sie 45 Jahre alt sind und bereits als Cheflayouter beim STERN gearbeitet haben, interessiert den bearbeitenden Personalchef Ihre Schulzeit (außer dem Abschluß) nicht mehr, und die Namen Ihrer Eltern auch nicht. Überhaupt können Sie auf Privates verzichten: Schreiben Sie in Ihren Lebenslauf hinein, ob Sie verheiratet sind oder ledig und ob Sie Kinder haben – das hat für die Personalabteilung den Nutzen, daß man sich ein grobes Bild von Ihren Lebensumständen (die ja auch in Ihre Arbeit hineinspielen) machen kann. Wie Ihre Kinder heißen, interessiert indes niemanden. Und es geht ja auch keinen etwas an – schließlich wollen Sie den Betrieb nicht heiraten, sondern dort arbeiten ... Ansonsten sollten Sie sich im Lebenslauf große Extravaganzen verkneifen – Ihre kreativen Schreibqualitäten müssen sich aus Anschreiben und Arbeitsproben herleiten lassen, im Lebenslauf ist kein Platz dafür.

Lassen Sie bitte auch Ihre Hobbys außen vor: Wenn jemand gerne Bücher liest oder privat Tagebuch führt, zeigt das nichts über seine Befähigung für einen Medienberuf. Wichtig ist noch, daß Sie unbedingt daran denken, dem Lebenslauf ein Foto beizufügen. Kleben Sie es bitte in die rechte obere Ecke – das hat sich so eingebürgert und ist übersichtlich. Das Einkleben sorgt dafür, daß Ihr Foto nicht verlorengeht, was passieren könnte, wenn Sie es nur mit einer Heftklammer befestigen oder lose beilegen. Was Sie sonst noch zum Thema Foto wissen sollten, im nächsten Absatz:

Das Foto:

Geben Sie ein gutes Bild ab!

Mit einem guten und sympathischen Foto von sich können Sie eine Menge gewinnen – ein schlechtes Bild hingegen kann Sie aus dem Bewerbungsrennen werfen, zeugt es doch von einer gewissen Nachlässigkeit des Bewerbers bei seiner Selbstpräsentation und läßt darauf schließen, daß er später im täglichen Mediengeschehen ähnliche Nachlässigkeiten an den Tag legt. Das Foto bedeutet das erste Mal, daß man sie sieht, und da wollen Sie doch gut aussehen, oder? Gut aussehen, das hängt in diesem Fall von mehreren Faktoren ab: von der Qualität der Fotografie, von Ihrer Kleidung und – last but not least – von Ihrem Gesichtsausdruck. Wenn Sie gucken, als wenn Sie drei Tage draußen im Regen gesessen hätten, wird das nicht unbedingt den Eindruck hinterlassen, daß Sie ein flotter, positiv denkender und agiler Typ sind. Also denken Sie an was Schönes, wenn der Fotograf die Kamera auf Sie richtet!
Ihre Klamotten sollten Sie als jemanden ausweisen, der zumindest Charakter (wenn schon nicht Geschmack ...) in Modefragen hat. Wenn Sie also ein greller Typ sind, lassen Sie sich ruhig so ablichten: Sie werden sich mit Ihrem Bild wahrscheinlich auch bei einem Medium bewerben wollen, das Ihren eigenen Auffassungen entspricht und ebenfalls nicht allzu konservativ ist. Wenn Sie dagegen einen Posten als leitender Redakteur bei einer christlichen Wochenzeitung anstreben, sollten Sie auf das paillettenbesetzte grünmetallicfarbene Hemd zum Foto(und Vorstellungs)termin besser verzichten und sich dezent, z. B. in weißem oder einfarbigem

Hemd (bitte keine Hawaii-Konfektion!), in Szene setzen. »Sei so, wie die sind, bei denen Du Dich bewirbst« lautet der hier fällige Sinnspruch – wer sich danach verhält, kann eigentlich nichts falsch machen.

Das Foto selbst sollte möglichst nicht aus dem Automaten kommen und darf ruhig so belichtet sein, daß man Sie nicht für einen Verbrecher hält (daß die Schärfe ebenfalls stimmen sollte, brauche ich hier wohl nicht zu erwähnen). Gut kommt es, wenn Sie nicht nur einigermaßen naturgetreu »abgebildet«, sondern ruhig ein bißchen idealisiert dargestellt sind. Man sagt ja auch: »Da bin ich aber gut getroffen« und meint damit oft: »Besser als in Wirklichkeit!« Auf dem Bild müssen einfach Ihre guten Eigenschaften ganz klar herauskommen – Sie müssen sympathisch, souverän, oder was immer Sie auszeichnet, wirken. Ob in Schwarzweiß oder in Farbe, das bleibt Ihrem persönlichen Geschmack überlassen und wird von jedem Personalbearbeiter auch nach seinem Geschmack (den Sie ja nicht kennen können) beurteilt – Hauptsache, die Qualität stimmt. Für ein gutes Bild vom Fotografen muß man schon mal ein paar Mark (nicht unter hundert) auf den Tisch legen. Dazu kommen dann noch die Abzüge, die bei Portraits auch noch mal gut zu Buche schlagen – erstellen Sie deshalb lieber ein paar weniger richtig gute Bewerbungen und sparen Sie sich das Geld, das Sie achtzig oder hundert Abzüge kosten würden! Was das Format angeht, ist alles zwischen Paßbildformat und 10 × 15 Zentimetern erlaubt, größer wird's dann schnell peinlich (als würden Sie sich bei einer Partneragentur vorstellen …), außer wenn Sie sich für's Coverfoto einer Zeitschrift oder als Nachwuchsdarsteller für einen Film bewerben – das sind schließlich auch Medienjobs!

Noch ein Tip: Achten Sie bitte beim Vorstellungsgespräch darauf, daß Sie nicht dieselben Klamotten wie auf dem Foto tragen. Man denkt dann schnell, Sie hätten keine anderen geeigneten Sachen ... Das gleiche gilt für einen komplett anderen Stil: Sie können nicht auf dem Foto ein schickes Kostüm oder einen Armani-Anzug tragen und zum Vorstellungstermin in Motorradkluft mit Old-Shatterhand-Fransen an der Lederhose auftauchen – man will Sie schließlich wiedererkennen. Alles klar?

Zeugnisse, Nachweise und was der Medienjob-Suchende noch so benötigt

Nachdem Sie sich so kräftig ins Zeug gelegt haben, um ein klasse Anschreiben mit großartigen Ideen zu produzieren, und ein starkes Foto in Ihrem aussagekräftigen Lebenslauf kleben haben, kommt nun der langweilige Teil aus Sie zu: Suchen Sie Ihre bisherigen Zeugnisse und Nachweise aus Ihrem Ordner, oder wo sie sonst verstreut liegen mögen, heraus und überlegen, was davon Sie Ihrer Bewerbung beilegen wollen – als Kopie, versteht sich!

In den Medien gelten dabei besondere Regeln: Vielen theoretischen Zeugnissen wird zum Teil nur geringe Bedeutung beigemessen, während beigelegte Arbeitsproben und -nachweise dafür doppelt schwer wiegen. Das kommt nicht von ungefähr, schließlich geben Arbeitsproben einen hundertprozentig realistischen Eindruck von den Fähigkeiten eines Bewerbers und von seiner Eignung für das jeweilige Medium – und sie sind sicher aussagekräftiger als jede noch so hart erarbeitete theoretische Zeugnisnote.

In den kreativen Branchen wie Medien oder Werbung ist gerade das der Vorteil, der es begabten Leuten erleichtert, den Einstieg zu schaffen, während sich in vielen anderen Berufen eher die fleißigsten oder zuverlässigsten Leute mit den besten Zeugnissen, nicht immer aber die talentiertesten durchsetzen.

Natürlich hat das Verlangen nach Arbeitsproben in den Medien auch etwas damit zu tun, daß man z. B. das korrekte Arbeiten eines Bankkaufmanns ziemlich genau beurteilen kann, es sich aber kaum messen läßt, wie gut und flott die Schreibe eines Bewerbers ist – das zeigt nur der Text selbst! Die Moral von der Geschicht': Gute (!) und der angebotenen Stelle gemäße Arbeitsproben können über Erfolg und Mißerfolg entscheiden. Man sollte sich deshalb als Berufsneuling schon Jahre zuvor über freie Mitarbeit derartige Arbeitsproben verschaffen; aber auch »alte Hasen« sollten sich genau überlegen, was sie ihrem Wunscharbeitgeber an Material vorlegen. Insgesamt drei oder vier dieser Proben reichen aus, da sich ja jemand durcharbeiten muß.

Eine weitere wichtige Sache sind Praktikums- und Arbeitszeugnisse über bereits geleistete Mitarbeit bei anderen Medien. Hier gilt natürlich wie überall: Je klangvoller der Name der Redaktion, desto größer die Chancen des Bewerbers. Das sollte man bereits in seine Berufs- und Praktikumsplanung miteinbeziehen und ruhig mal versuchen, das eigene Dorf oder auch die Stadt zu verlassen und in die große Welt hinauszugehen, um bei einem namhaften Medienbetrieb für eine Wei-

le zu arbeiten – auch wenn die Bezahlung mies oder gleich null ist und es zu Hause bei der Lokalzeitung gutes Geld gegeben hätte. Dafür kann man später von sich sagen, daß man bei XY in Z gearbeitet hat – und das ist doch schon was, oder?
Abgesehen von diesen Praxisnachweisen, gehören in die Bewerbung natürlich auch die richtigen Zeugnisse, wie zum Beispiel das Zeugnis über ein Volontariat oder das einer Journalistenschule oder Uni. Diese Grundausbildung oder der bisherige Job bei einem anderen Medienbetrieb, also das wichtigste Zeugnis, gehört dabei immer nach oben, auch wenn danach noch Fortbildungen gemacht wurden. Für den Personalsachbearbeiter ist es immer wichtig, sich so schnell wie möglich ein grobes Bild über die wichtigsten Stationen und Fähigkeiten des Bewerbers machen zu können. Und deshalb gehören die großen Pluspunkte, die man bisher gesammelt hat, auch auf die vorderen Seiten, denn man will ja seine Schokoladenseite (wenn sie für den Job relevant ist) möglichst präsentieren, bevor der Mensch aus der Personalabteilung auf die Idee kommt, die Mappe frühzeitig wieder zuzuschlagen, da ihn das alles nicht so vom Hocker reißt …
Was Arbeitszeugnisse angeht, muß man übrigens vorsichtig sein, denn nicht alles ist Gold, was glänzt: Die meisten Personalmenschen verkleiden ihre Bewertung eines Mitarbeiters in Worte, die etwas ganz anderes meinen, als sie auf den ersten Blick aussagen.

»… *war ein geselliger Mitarbeiter«* bedeutet zum Beispiel nichts anderes, als daß der Bewerber gerne mal Alkohol im Dienst konsumierte und ansonsten für Stimmung und gutes Klima sorgte, anstatt zu arbeiten. Und wer *»Gelegenheit* *hatte, die ihm übertragenen Arbeiten zu erledigen«* hat diese Gelegenheit aber nicht nutzen können, weil ihm oder ihr das Können fehlte, auch wenn man *»immer mit Interesse bei der Sache war …«*

Wer ein solches Zeugnis mitbringt, kann es auch gleich lassen. Da gerade in den Medien häufig Zeugnisse nicht von gewieften Personalchefs, sondern vom jeweiligen Chefredakteur oder leitenden Mitarbeiter zwischen Tür und Angel geschrieben werden, kommen solche Ausdrücke und Inhalte häufig versehentlich oder unwissentlich vor – weisen Sie in so einem Fall den zuständigen Vorgesetzten darauf hin, daß Sie ein neues Zeugnis brauchen.
Noch ein weiterer Tip für die Vollständigkeit Ihres Zeugnisses. Bitte nur Ihr *letztes* Schulzeugnis beilegen und nicht das von der Grundschule. Bei weiterführenden Ausbildungen, die zum Beispiel das Abitur voraussetzen, wie ein Studium oder eine weiterführende Journalistenschule können Sie sich unter Umständen auch das Schulzeugnis sparen, wenn Sie nach der Ausbildung auch schon hier und da gearbeitet haben, denn wirklich wichtig sind nur die Zeugnisse, die für die Tätigkeit relevant sind. Und das werden zumeist im Berufsleben immer mehr – informieren Sie also Ihren Wunscharbeitgeber ausführlich, aber strapazieren Sie ihn nicht über Gebühr! Jeder Personalbearbeiter freut sich über eine übersichtliche, präzise gestaltete Bewerbung, die er schnell beurteilen kann. Tun Sie ihm den Gefallen, es wird nicht zu Ihrem Nachteil sein! Und lassen Sie bitte Ihre Hobbys außen vor: Das Zertifikat zum »geprüften Tennislehrer« braucht niemand – außer vielleicht, Sie bewerben sich als Tenniskommentator, um neben Günther Bosch in der Wimbledon-Loge zu sitzen

und den TV-Zuschauer zu Hause mit Informationen wie »ein klasse Top-Spin, den der Boris da eben geschlagen hat«, zu füttern …

Auf die Verpackung kommt es an!

So, und nun müssen Sie Ihre Sachen nur noch anständig verpacken und dann ab damit zur Post. Apropos Post: Schicken Sie Ihre Bewerbung unbedingt richtig frankiert heraus, kein Unternehmen hat Lust, für Ihre Unachtsamkeit Strafporto zu bezahlen. Entweder geht die Bewerbung in einem solchen Fall direkt an Sie zurück, oder aber Sie werden mit gewissen Vorbehalten behandelt. Auf eine Verschickung Ihrer Unterlagen als Einschreiben sollten Sie allerdings besser verzichten, weil nicht immer jemand da ist, der für Ihre Briefsendung unterschreiben kann – und sich auf diese Weise die Zustellung oder Abholung vom Postamt um einige Zeit verzögern kann. Dabei ist es – gerade bei Antworten auf Stellenanzeigen – oft wichtig, zu den ersten Bewerbern zu gehören, vor allem bei kleineren Unternehmen, die nicht so viele Zuschriften erhalten. Denn eine prompte Bewerbung zeigt ja auch, daß der Bewerber offensichtlich sofort an der angebotenen Stelle Gefallen fand und daß er schnell und ohne langes Hin und Her handeln kann, was auch im späteren Arbeitsalltag von großer Wichtigkeit ist.

Zurück zur Verpackung: Am besten bündeln Sie Ihre Papiere in einem Hefter. Das kann eine Klammer sein, die keine Vorder- und Rückseite hat, oder aber auch ein richtiger Schnellhefter. Nehmen Sie keine bunten Plastikschnellhefter, sondern eher etwas Dezentes aus Pappe – das wirkt einfach besser, glauben Sie mir! Empfehlenswert ist auch eine Mappe – allerdings sollte sie übersichtlich und gut einsehbar sein, und das Anschreiben müß unbedingt obenauf liegen, damit der Personalsachbearbeiter sofort weiß, wer Sie sind und was Sie wollen. Es ist auch möglich, die Papiere in eine Klarsichthülle zu stecken, die seitlich geöffnet ist.

Beim Versenden der Unterlagen achten Sie bitte darauf, daß Sie einen großen, unbedingt rückenverstärkten Umschlag benutzen, in dem Sie Ihre Unterlagen bequem und ungeknickt unterbringen können – schließlich wollen Sie, daß Ihre Sachen auch noch hübsch aussehen, wenn sie ankommen. Eine geknickte Bewerbung würde Ihnen wenig Sympathie einbringen. Achten Sie auch darauf, daß Sie den Briefumschlag einigermaßen sorgfältig auswählen – das ist genau wie bei der Werbepost, die Ihnen täglich ins Haus flattert: Sie erkennen sie an ihrer Billigkeit, sie ist nicht mehr als ein Wisch.
Ihre Bewerbung sollte eine kompakte, einigermaßen geschmackvolle Verpackung bekommen: Nehmen Sie also nicht die billigsten Briefumschläge – genauso, wie Sie auch Ihre Bewerbung bereits auf gutem Papier verfaßt haben. So verschaffen Sie sich einen guten schriftlichen Einstieg. Ob es zu einem Vorstellungsgespräch reicht, hängt dann nur noch von Ihren tatsächlichen Qualifikationen ab und wird nicht mehr daran scheitern, daß Sie sich einen schlechten Auftritt verschafft haben.

Das Vorstellungsgespräch:

Wie Sie sich optimal darauf vorbereiten und sich richtig verhalten

Wenn Sie es bis hierher geschafft haben, sind Sie schon weit gekommen! Es beginnt mit dem Brief oder dem Anruf des Unternehmens, bei dem Sie sich beworben haben: Man lädt Sie zu einem persönlichen Gespräch ein. Sobald Sie diesen Brief erhalten haben, sollten Sie den Termin telefonisch oder per Fax (falls Sie ein Faxgerät besitzen) bestätigen. Versuchen Sie dabei, einen erfreuten Eindruck zu machen, schließlich will keine Firma einen Griesgram einstellen, auch wenn sein Können noch so groß ist. Und auch die Sekretärin, die Ihren Anruf entgegennimmt, freut sich über einen netten Gesprächspartner. Vielleicht arbeiten Sie später mal mit ihr zusammen und profitieren dann von diesem guten Eindruck, den Sie hinterlassen haben. Es spielt absolut keine Rolle, mit wem Sie sprechen – ob nun Chefredakteur oder Empfangssekretärin: gute Umgangsformen haben noch niemandem geschadet.

Überlegen Sie sich nun als erstes bei der Vorbereitung, was so ein Vorstellungsgespräch eigentlich ist. In erster Linie geht es für das Unternehmen darum, den Bewerber oder die Bewerberin einfach mal »live und in Farbe« zu Gesicht zu bekommen: Wie sieht er oder sie aus? Wie verhält er oder sie sich im Gespräch? Kommt Fachqualifikation rüber? Wird der gute Eindruck der schriftlichen Unterlagen bestätigt? Für den Bewerber oder die Bewerberin wiederum geht es um folgende Fragen: Was ist das für ein Unternehmen? Könnte ich mich dort wohl fühlen? Wie ist das Arbeitsklima? Und natürlich auch um geschäftliche Dinge, wie zum Beispiel die Festlegung des Gehalts, falls es zur Einstellung kommt. Bei dem Treffen erwartet man von Ihnen, daß Sie sich gut auf das Gespräch vorbereitet haben, daß Sie in Grundzügen über das Unternehmen Bescheid wissen und auch, daß Sie wissen, was Sie selbst dort im Rahmen der angebotenen Tätigkeit tun können und wollen.

In der Medienbranche ist es häufig so, daß der kreative Neuzugang zwischen Tür und Angel einem überbeschäftigten Chefredakteur gegenübersitzt, der keine Lust hat, hundert Einstellungsgespräche zu führen, und jedes dieser Gespräche am liebsten nach zehn Minuten wieder abbrechen würde, weil die Redaktionsarbeit ruft. Diese Leute suchen nach dem schnellen Aha-Erlebnis – stellen Sie sich ruhig darauf ein, auf eine solche Situation zu treffen und sich in kürzester Zeit präsentieren zu müssen. Wichtig ist dabei vor allem, daß Sie einen klaren Kopf haben und schon vorher wissen, was Sie alles sagen wollen. Machen Sie einen frischen, unkomplizierten und aktiven Eindruck und zeigen Sie, daß Sie mitarbeiten wollen! Und: Sagen Sie lieber einmal zuviel »ja« als »nein« – zum Beispiel, wenn man Sie (womöglich im Spaß) fragt, ob Sie nach dem Gespräch für den Rest des Tages in der Redaktion aushelfen könnten, da zur Zeit Not am Mann sei. Egal, ob ernsthaft oder witzig gemeint, spielen Sie mit! Dadurch zeigen Sie, daß Sie sich wirklich für die Mitarbeit interessieren und auch Opfer bezüglich Ihres Privatlebens zu bringen bereit sind. Auf solche Dinge wird in den Medien stark geachtet, da Leute, die auf ihr Privatleben pochen, hier fehl am Platze sind.

Unter Journalisten gibt es eine Art Ehrenkodex, der ihnen verbietet, auch nur an eine 38-Stunden-Woche zu denken, solange noch Arbeit da ist – und die gibt es fast immer. Wer da auf die strikte Einhaltung der Arbeitszeit pocht und um fünf Uhr das Büro und die anderen Redakteure zurückläßt, ist bald raus aus dem Geschäft (oder kommt gar nicht erst rein, falls er oder sie solche Vorstellungen bereits im Bewerbungsgespräch äußert). Man muß sich vorher darüber im klaren sein, daß in den Medien (genau wie in der Werbebranche) keine festen Arbeitszeiten existieren – wer das will, sollte in den Einzelhandel oder zu einer Bank gehen. In vielen Medienberufen ist es eben so, daß man mit dem Job verheiratet und sogar noch stolz darauf ist! Dafür bekommt man ja auch Geld und Prestige für seine große Leidenschaft, sein Hobby, das man zum Beruf gemacht hat – jedenfalls sehen das nicht wenige Medienleute so.

Doch nun zu den Gesprächsinhalten: Zu etwa zwei Dritteln wird sowieso der Chefredakteur oder Personalchef oder die Einstellungskommission die Fragen stellen, um in dem Gespräch die für sie wichtigen Punkte eindeutig abzuhandeln. Für das andere Drittel sollten Sie sich gut überlegen, was Sie aus eigenem Antrieb wissen wollen. Stellen Sie ruhig Fragen zur redaktionellen Ausstattung, wie z. B. der Umbruch vor sich geht oder auf was für einem Computersystem man arbeitet. Oder informieren Sie sich über die Vertriebswege des Medienprodukts – oder aber über das Zusammenspiel von Redaktion und Verlag. Und natürlich darüber, was Ihre Aufgaben sein würden. Was Sie verdienen wollen, wird man Sie irgendwann fragen – halten Sie sich dafür bereits eine klare Antwort parat, damit Sie nicht erst lange überlegen müssen.
Über Berufsfachverbände können Sie zum Beispiel erfahren, was tariflich und übertariflich für welche Stellung bezahlt

wird – und sich daran (oder natürlich an Ihrem bisherigen letzten Gehalt) orientieren. Bereiten Sie sich zu Hause auf die voraussichtlichen Fragen der Einstellungskommission vor: Wer schon öfter mal ein Vorstellungsgespräch geführt hat, wird feststellen, daß es zum großen Teil immer dieselben oder ähnliche Fragen sind, die gestellt werden – Fragen zum Bewerber und wie er sich vorstellt, die Position auszufüllen. Was er oder sie vorher gemacht hat – und warum er/sie sich gerade bei diesem Betrieb beworben hat (sagen Sie nicht: »Das war Zufall ...«!). Inwieweit man bereits mit der Aufgabenstellung vertraut ist und so weiter ... Zeigen Sie Begeisterung und versuchen Sie, ein richtiges Gespräch herzustellen und keine sterile Abfragestunde – das ist für beide Seiten weitaus angenehmer und zumeist auch erfolgversprechender!
Sitzen Sie aufrecht (das ist besser, als wenn Sie es sich bequem machen) und lassen Sie sich nicht alles aus der Nase ziehen – gerade in den Medien braucht man Leute mit Eigeninitiative und Witz und keine drögen Schweiger! Was die Gesprächsvorbereitung angeht, so sollten Sie bereits vor und während der Anreise dafür sorgen, daß Ihr Magen sich beim Gespräch ruhig verhält und Sie auch nicht von ständiger Toilettensehnsucht geplagt werden – denn man kann sich nur gut verkaufen, wenn auch der Körper mitspielt! Wenn Sie den Betrieb und anschließend den Raum der Unterredung betreten, tun sie das einigermaßen schwungvoll, und schleichen Sie nicht herein (ansonsten könnte es sein, daß man Sie nicht wahrnimmt, was vielleicht für einen angehenden Spion ein hervorragender Auftritt wäre, nicht aber für einen Medienmenschen ...). Wenn Sie selbst anklopfen müssen, tun Sie das einigermaßen hörbar, allerdings ohne gleich die Tür zu zerschmettern. Gehen Sie auf Ihre(n) Gesprächspartner zu (und

später im Gespräch auch auf sie ein) und erwidern Sie den angebotenen Händedruck normal kräftig und möglichst wenig feucht.

Nun zu den Äußerlichkeiten: Überlegen Sie sich spätestens am Tag vor dem Gespräch (nicht erst am selben Morgen), was Sie anziehen wollen. Legen Sie sich die Sachen zurecht, dann können Sie auch sicher sein, daß Ihnen nicht plötzlich die Socken oder sauberen Hemden ausgegangen sind. Apropos Socken: Bitteschön die schwarzen oder dunklen Modelle aus der Modeabteilung und um Himmels willen nicht die weißen aus dem Sportgeschäft! Dafür kann Hemd oder Bluse ruhig weiß sein – insgesamt gilt: Nicht zu bunt auftreten!
Die steifen Konventionen von Anno dazumal können Sie ebenfalls getrost an den Nagel hängen: Ein Anzug muß nicht unbedingt sein und eine Krawatte auch nicht in jedem Fall. (Außer, Sie stellen sich bei einem erzkonservativen Unternehmen vor. Wenn Sie der Typ dafür sind, ist das ja auch okay, andernfalls sollten Sie sich überlegen, ob Sie in Zukunft Tag für Tag mit gewissen optischen und ideellen Zwängen leben wollen.) Entscheidend ist, daß Sie insgesamt einen gutgekleideten und sympathischen Eindruck machen – die Spannbreite dafür hängt von der Unternehmenskultur ab. So können Sie bei einer Szene-Zeitschrift durchaus auch in T-Shirt, Jeans und Jackett auftauchen und bei einer Musikzeitschrift vielleicht auch in Lederjacke – bei der ZEIT zum Beispiel sollten Sie das besser nicht tun, sondern die etwas feinere Schiene fahren ... Bedenken Sie insgesamt, daß das Vorstellungsgespräch für Sie nichts anderes als ein Verkaufsgespräch in eigener Sache ist – stellen Sie deshalb Ihre Vorzüge, Fähig- und Fertigkeiten klar heraus. Genauso wie ein Produktmanager einer

Hifi-Firma auf die hervorragende Verarbeitungsqualität und den tollen Sound seiner Stereoanlage hinweist, müssen auch Sie für sich werben!

Zum Vorstellungsgespräch können Sie auch gerne noch weitere praxisrelevante Unterlagen mitbringen, die sie aus Kapazitätsgründen nicht mitgeschickt haben, die aber Ihre besondere Eignung für den angebotenen Job gut unter Beweis stellen. Derartige Arbeitsproben kann ein interessiertes Gegenüber auch schon beim Überfliegen ziemlich sicher beurteilen und so gegebenenfalls ein weiteres Plus für Sie verbuchen.

Wenn das Gespräch beendet ist, bedanken Sie sich bitte für die sehr informative Unterhaltung und geben Sie vielleicht durchaus noch einen dezenten Hinweis darauf, daß Sie nach diesem Gespräch noch klarer wissen, daß Sie gerne für das Unternehmen arbeiten wollen, und daß Sie glauben, daß sich die Position hervorragend mit Ihren Befähigungen deckt – auf diese Weise unterstützen Sie den intensiven Eindruck, den man von Ihnen bisher gewonnen hat. Verlassen Sie den Raum und das Unternehmen mit einem einigermaßen aufgeräumten und bitte nicht mürrischen Gesichtsausdruck (auch wenn Sie kein allzugutes Gefühl haben – das können Sie anschließend zu Hause ausleben ...). In den seltensten Fällen wird man Ihnen bereits während des Vorstellungsgesprächs eine definitive Zusage geben, da ja zumeist noch andere Bewerber nach Ihnen kommen werden und auch schon einige vor Ihnen da waren, die vielleicht einen genausoguten Eindruck gemacht haben. In aller Regel dauert es ein paar Tage, manchmal auch ein, zwei Wochen, bis Sie wissen, ob es geklappt hat oder nicht.

Die Zeit des Wartens – und danach

Wie gesagt, wenn Sie nach Hause kommen, wissen Sie wahrscheinlich noch gar nichts. Außer Ihnen werden schließlich noch mindestens eine Handvoll (oder auch mehr) anderer Bewerber demselben Verfahren unterzogen – bis man die am besten geeignete Person für die Tätigkeit gefunden hat. In die Entscheidung spielen nicht nur fachliche und optische, sondern auch charakterliche Eigenschaften eine Rolle. Wenn zum Beispiel der Chefredakteur auf Leute mit »Schnauze« steht und bereits ein ganzes Team davon angeheuert hat, wird auch der neue Mitarbeiter kein Mauerblümchen sein. Da in der Medienbranche keine Tests gemacht werden, die langwierig ausgewertet werden müssen, wie in anderen Branchen üblich, ist die Entscheidung für einen neuen Mitarbeiter zumeist recht schnell getroffen. In der Zwischenzeit bleiben Sie bitte ruhig und nerven nicht mit Telefonanrufen, ob man sich denn schon entschieden habe – man wird es Ihnen zu geeigneter Zeit mitteilen, da können Sie sicher sein! Um nicht auf glühenden Kohlen zu sitzen, haben Sie ja sowieso nicht nur eine Bewerbung losgeschickt, sondern mehrere Eisen im Feuer. Auf diese Weise wird die Spannung gemindert, denn wenn's beim einen nicht klappt, dann haut's eben bei einem der anderen Unternehmen hin – und Sie bekommen ständig irgendwelche Rückmeldungen, so daß Langeweile gar nicht erst aufkommt.

Wenn Sie nun die große Mitteilung bekommen sollten, daß Sie den Job erhalten werden, nehmen Sie – wenn Sie immer noch wollen – möglichst schnell (am selben oder am nächsten Tag) Kontakt auf und sagen auch Sie verbindlich zu. Wenn Sie zu lange warten, muß das Unternehmen noch andere Mitbewerber im Auge behalten, da man nicht weiß, ob Sie sich nicht schon für eine andere Firma oder Redaktion entschieden haben.

Die ersten Arbeitstage sind im Medienbereich stressiger als in anderen Branchen, wo man Ihnen eine Einarbeitungszeit gewährt. In den Medien heißt es vom ersten Tag an: schreiben, organisieren, recherchieren, programmieren – *machen!* Sie werden ins kalte Wasser geworfen. Wenn Sie es schaffen, schon am nächsten Tag zum Beispiel Ihren ersten Artikel in der Tageszeitung zu haben, wird Ihnen das hoch angerechnet werden. In den meisten Medienjobs aber geht es so schnell nun auch wieder nicht. Sehen Sie zu, daß Sie immer vorne und am Ball bleiben, denn die Medien sind ein schnelles Geschäft, aber kein langweiliges …

ARBEITSFELD BANKEN

Frage: Wie stellen Sie sich einen perfekten Bankmitarbeiter vor? Nun, er oder sie sollte auf jeden Fall vertrauenswürdig und seriös sein schließlich vertraue ich diesen Leuten mein ganzes Geld an. Und nett und zuvorkommend: Man will nicht ewig am Schalter warten müssen, um dann auch noch unhöflich behandelt zu werden – da könnte man ja gleich zur Post gehen! Auskennen muß er oder sie sich auch: Nicht nur mit Wertpapieren und Aktien, sondern auch mit Steuern und diesem Kram – ich will ja schließlich auch was von meinen Zinsen und Erträgen haben, nicht wahr? Er sollte eher ein ruhiger und besonnener Typ sein, der außerdem auch Sicherheit ausstrahlt. Und ordentliche Kleidung ist natürlich ein absolutes »Muß« – er sollte irgendwie gepflegt aussehen, auf keinen Fall schmierig. Die Kleidung müßte zwar ansehnlich, aber nicht extravagant sein – nachher brennt der noch mit meinem Geld durch! Und am besten, er oder sie fährt einen guten Mitsubishi, notfalls auch einen Mercedes – jedenfalls kein Porsche Cabrio oder so ein italienisches Sportauto, das wär mir nicht so ganz geheuer … Ein neues Auto müßte es allerdings schon sein – er oder sie soll ja erfolgreich sein, nicht so ein Looser! Noch besser: Familie! Dann weiß er oder sie, was es heißt, Verantwortung zu tragen. Außerdem ist die Mobilität mit Familie eingeschränkt – das gibt ein wenig Sicherheit … Na ja: Vom Charakter sollte er oder sie dem Typ »netter Schwiegersohn/nette Schwiegertochter« nicht unähnlich sein und nicht zu viele teure Hobbys betreiben. Wer mit seinem eigenen Geld vorsich-

tig umgeht, wird das auch mit meinem tun. Ach ja, da wär noch was …

Diese Liste ließe sich noch eine ganze Weile fortsetzen und zeigt – wenn auch überspitzt – ziemlich genau, welche Anforderungen an Menschen gestellt werden, die sich ins Bankfach wagen. Wenn Sie selbst an Ihre Zukunft denken, sehen Sie vielleicht einige dieser Punkte bestätigt, andere wiederum ärgern Sie ein bißchen und scheinen Ihnen unsinnig zu sein. Sie sehen sich als Banker jung, dynamisch, gewitzt, klug – und mit einem ansehnlichen Monatssalär, von dem Sie sich alles leisten können, was Ihnen gefällt: und das kann auch ein italienisches Sportcoupé sein! Okay. Andererseits wissen Sie auch, daß Sie Verantwortung für anderer Leute Geld übernehmen, was eine nicht ganz unwesentliche Verantwortung ist. Und Sie wissen auch, daß Banken ein bestimmtes Bild von sich selbst nach außen tragen: Sicherheit, Vertrauen und eine gewisse Größe. Das nehmen Sie auch für sich selbst in Anspruch? Nun, dann willkommen im Geschäft mit dem großen Geld!

Branchenthermometer Banken

kochendheiß	100 Grad
sehr heiß	80 Grad
heiß	60 Grad
wohltemperiert	40 Grad
frisch	20 Grad
unterkühlt	0 Grad
eiskalt	–20 Grad

Arbeitsklima in der Bankbranche

Ja, ja, im Bankgeschäft weht nicht gerade ein warmer Wind vom Golfstrom – eher schon einer aus der Antarktis … Aber Spaß beiseite: Natürlich ist das Arbeitsklima von Bank zu Bank verschieden und natürlich nicht selten auch sehr nett. Nur: Gewisse Konventionen werden einfach niemals abgelegt werden. In Banken herrscht immer ein leiser und kühler Ton – und höfliche Distanz wird nicht nur gegenüber den Kunden, sondern auch unter den Mitarbeitern großgeschrieben. Ein allzu herzliches oder gemütliches Klima kommt da logischerweise nicht auf, und der Arbeitsalltag sieht auch nicht so aus, daß die Luft brennt, wie zum Beispiel in der Werbe- oder Medienbranche. Nein, bei den Banken geht alles seinen ruhigen und kühlen Gang, was im Umgang mit viel Geld bestimmt auch angebracht ist. Denn auf diese Weise lassen sich am besten Seriosität und Vertrauenswürdigkeit vermitteln.

Der erste Schritt:

Überlegen Sie, was die angestrebte Tätigkeit charakterisiert und was das für die Bewerbung heißt!

Einen Großteil der Anforderungen im Arbeitsfeld Banken haben wir gerade genannt. Was Sie davon für sich übernehmen, bleibt Ihnen überlassen – wichtig ist nur, daß Sie verstehen, was hinter diesem Bankfeeling steht, und daß Sie das auch mit Ihrer Bewerbung rüberbringen. Nun gibt es natürlich die verschiedensten Tätigkeiten, für die Sie sich bewerben können: Wenn Sie gerade das Abitur gemacht haben, werden Sie vermutlich eine Ausbildung zum Bankkaufmann/-frau anstreben, jemand, der bereits eine fertige Ausbildung und Berufserfahrung im Bankbereich hat, wird sich vielleicht als Kreditsachbearbeiter oder Wertpapierkundenberater bewerben – ein Seiteneinsteiger als Öffentlichkeitsarbeiter oder Marketing-Mitarbeiter.

Verschiedene Tätigkeiten, die zwar auch verschiedene Vorbildungen voraussetzen, aber dennoch allesamt das gleiche banktypische Einfühlungsvermögen erfordern. Und dieses Einfühlungsvermögen sollte sich – unabhängig von dem, was Sie an Inhalten präsentieren – in Ihrer Bewerbung widerspiegeln. Zeigen Sie dem bearbeitenden Personal- oder Einstellungsleiter, daß Sie ins Bankgeschäft passen wie der Deckel auf den Topf, und zeigen Sie, daß Sie sich über die Erfordernisse dieses Geschäftes Gedanken gemacht haben. Arbeiten Sie eine bankgerechte Bewerbungskampagne für sich aus! Eine Kampagne, die Sie als den geeigneten neuen Mitarbeiter vorstellt – speziell natürlich auf die angebotene Tätigkeit zugeschnitten!

Die Kampagne für sich selbst

Drei Grundkomponenten müssen Sie bei der Erstellung einer erfolgversprechenden Bewerbungskampagne beachten: das Bankgeschäft im allgemeinen, die angebotene Tätigkeit im speziellen und – last but not least – Ihre eigenen Fähig- und Fertigkeiten. Alle drei Bausteine besitzen in etwa dieselbe Wertigkeit. Machen Sie eine Art Brainstorming, sammeln Sie also alle Gedanken auf einem Blatt Papier, die Ihnen zu den einzelnen Teilbereichen einfallen: also zum Beispiel: »Seriosität« für das Bankgeschäft, »Spezialkenntnisse Kreditwesen« bei einer angestrebten Tätigkeit als »Kreditsachbearbeiter« und die Kenntnisse, die Sie durch Ihren bisherigen Bildungs- und Lebensweg vorweisen können. Suchen Sie zu jedem Feld etwa 10 bis 20 Punkte, die Ihnen einfallen – auch wenn Sie bedeutungslos oder vielleicht sogar fehl am Platze zu sein scheinen. Diese erste Linie ist ja nur ein Ideenfundus für Sie selbst, aus dem Sie dann die brauchbaren Begriffe entnehmen und für Ihre Kampagne miteinander kombinieren können.
Ihre Kampagne, das heißt nichts anderes als ein übergeordnetes: »Wie stelle ich mich der Firma erstmalig vor – und wie nutze ich das geringe Raumangebot einer zumeist schriftlichen Bewerbung optimal zu meiner Selbstdarstellung aus?« Überlegen Sie also, nachdem Sie Ihre Gedankensammlung zum Thema »Bankgeschäft allgemein« abgeschlossen haben, was

zum Beispiel die Tätigkeit eines Kreditsachbearbeiters oder auch eines Bankazubis auszeichnet, wie der Tages- und Arbeitsablauf aussieht oder aussehen könnte. Und denken Sie dann darüber nach, was Sie speziell für diese Tätigkeit geeignet macht. Da die Banken im großen und ganzen keine enormen Image-Unterschiede aufweisen, brauchen Sie sich weniger vom Image als von der geschäftlichen Seite her auf »Ihr« Unternehmen vorzubereiten: Wenn Sie sich also bei einer Filiale der »Dresdner Bank« bewerben, sollten Sie auch Bescheid wissen über die »Dresdner Bank«, über das Geschäftsvolumen und über die Geschichte, die entscheidenden Lenker und vielleicht auch über das anvisierte Zielpublikum (so hat die »Sparkasse« bestimmt ein anderes Zielpublikum als die »Privatbank XY und Sohn«. Hier werden Otto Normalverbraucher angesprochen – dort vielleicht nur Geschäftsleute oder ihre Unternehmen).

Solche Informationen schickt man Ihnen gerne zu, Sie bekommen sie aber auch in jeder Filiale dieser Banken oder über Berufsfachverbände oder Gewerkschaften. Hintergrundinformationen zu jeder größeren Bank erhalten Sie aber auch in zahlreichen Büchern – ob es nun das allgemein gültige Sachbuch über Wirtschaft und Banken in Deutschland ist oder der Reißer über etwaige schmutzige Geschäftsverbindungen einer Bank in den Nahen Osten – Informationsquellen jeder Art und Güte gibt es zur genüge.

Bedenken Sie, daß Sie, wenn Sie sich bewerben wollen, die Informationen für Ihre Kampagne sehr sorgfältig auswählen müssen, schließlich bewerben Sie sich als Mitarbeiter und damit Vertreter dieses Unternehmens und müssen deshalb diesem Unternehmen absolut loyal gegenüberstehen, und das muß aus Ihrer Bewerbung ganz klar hervorgehen. Zeigen Sie mit Ihrer Kampagne, daß sie genau der Bewerber oder die Bewerberin sind, den oder die das Unternehmen sucht. Das wird Ihnen dann gelingen, wenn Ihre Vorstellungskampagne die Seriosität des Bankgeschäfts atmet und Sie überzeugend darstellen können, warum Sie für den angebotenen Job geeignet sind! Eine gute Möglichkeit, herauszufinden, ob ein Bewerber und ein Unternehmen zusammenpassen, ist ein Schema (siehe Grafik), das Sie am besten aufstellen, wenn Sie sich bei einem Unternehmen bewerben wollen – etwa auf eine Stellenanzeige hin (aus der Sie auch einige Informationen entnehmen können).

Der Vergleich

Sie sind also ein richtiger Karrieretyp: Sie wollen bei einer großen Bank mit gutem Namen arbeiten, und gute Aufstiegschancen sind Ihnen wichtig. Dafür bringen Sie auch die erforderliche Mobilität mit, sprich, Sie sind bereit, in eine andere Stadt zu ziehen. Sie selbst schätzen sich zudem als gemäßigt konservativ ein – eine Lebensauffassung, die für eine Tätigkeit bei einer großen Bank fast schon ein »Muß« ist. Ihr Selbstportrait und das Firmenportrait passen ziemlich gut zusammen – also sollten Sie sich ruhigen Herzens bewerben.
Wenn nun allerdings ein wichtiger Punkt genau gegenläufig gewesen wäre, hätte das anders ausgesehen: Sie können sich nicht bewerben, wenn etwa der Job bei einer Bank den Umzug in eine andere Stadt mit sich bringt und Sie das nicht wollen. Genausowenig würden Sie glücklich werden, wenn Sie sich als total progressiven Typen bezeichnen und dann zu einer erzkonservativen Bank gingen (allzu progressive Typen soll-

Meine Einschätzung der »Deutschen Bank«, Zweigstelle Düsseldorf

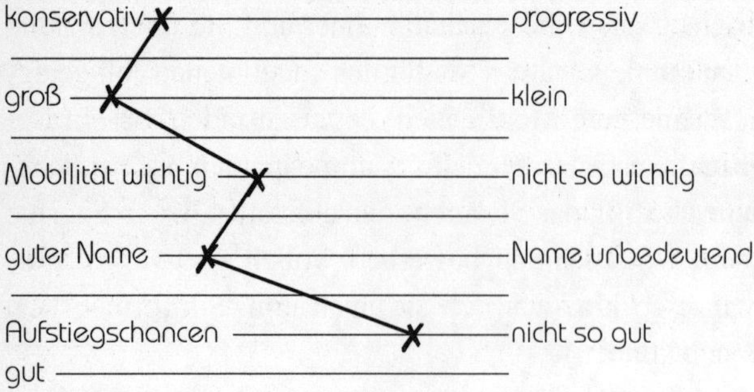

So sehe ich mich und meine Vorstellungen

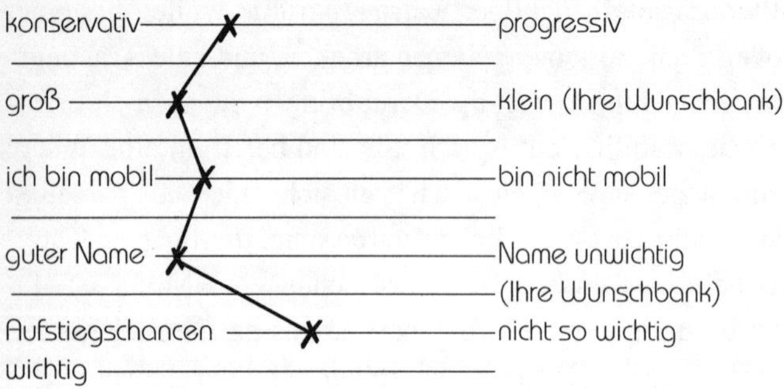

ten sich sowieso überlegen, ob sie in der Bankbranche richtig sind).

Wichtig ist: Seien Sie ehrlich, wenn Sie, wie oben vorgemacht, solche Schemata von sich und dem Unternehmen erstellen, auf dessen Stellenanzeige Sie antworten möchten – schließlich wollen Sie herausfinden, ob Sie bei diesem Unternehmen wirklich das finden, was Sie suchen!
Im nächsten Schritt sollten Sie sich allerdings auch fragen: Kann ich dem Unternehmen das bieten, was es sich an Qualifikationen wünscht? Bringe ich die erforderlichen Kenntnisse für eine bestimmte Position mit? Schnappen Sie sich einfach die Stellenanzeige, auf die Sie antworten wollen, und machen Sie auch hier eine Tabelle:

Stellenanzeige	**mein Profil**
Bankkaufmann/-frau gesucht	Bankkauffrau
mindestens 3 Jahre Berufserfahrung	seit 5 Jahren berufstätig
praktische Erfahrungen im Wertpapiergeschäft erforderlich, Schwerpunkt Kommissionsgeschäfte	habe in unterschiedlichen Bereichen gearbeitet, u. a. auch mit Wertpapieren
Kenntnisse der EDV-Systeme der deutschen Wertpapierbörsen (BOSS-CUBE, BOEGA)	nur oberflächliche Kenntnisse, kaum praktische Anwendung
Belastbarkeit auch in Streßsituationen	bin ein ruhiger Typ, arbeite auch in hektischen Momenten ohne Probleme

So oder ähnlich könnte Ihre Tabelle aussehen, wenn Sie alle Anforderungen auflisten, die Ihr Wunscharbeitgeber in seiner Stellenanzeige fordert. Es müssen nicht immer alle Punkte perfekt übereinstimmen – wichtig ist, daß die grundsätzlichen Dinge stimmen. Wenn etwa ein wirtschaftswissenschaftliches Studium gefordert wird, ist das (genau wie die Ausbildung zum Bankkaufmann oder zur Bankkauffrau) bindend. Wenn Sie diese Qualifikation nicht erfüllen, brauchen Sie sich in aller Regel gar nicht erst zu bewerben. Anders bei Zweitqualifikationen wie bestimmten Sachgebieten: Wenn Sie hier schon mal reingeschnuppert haben, sollten Sie sich ruhig bewerben – mit dem Angebot, daß Sie sich in dieses oder jenes Thema schnell und zuverlässig einarbeiten könnten. Außerdem: Wer weiß, ob Ihre Mitbewerber mehr auf dem Kasten haben?

Erste Kontaktaufnahme:

Schriftlich, telefonisch oder persönlich?

Hier gelten ganz klare Regeln: Die erste Kontaktaufnahme bei einer Bewerbung hat immer *schriftlich* zu erfolgen, egal, ob Sie sich auf eine Stellenanzeige melden oder aus eigenem Antrieb eine Initiativbewerbung auf den Weg bringen. Natürlich kann es sein, daß ein Bankdirektor einer Kleinstadtfiliale nichts dagegen hat, wenn Sie einfach mal vorbeikommen und Ihre Bewerbungsunterlagen mitbringen – zumal, wenn Sie sowieso schon als Kunde in der Bank bekannt sind. Doch im

Regelfall empfiehlt es sich auch hier, dem zuständigen Personalbearbeiter (was in einer kleinen Filiale auch der Zweigstellenleiter sein kann) die Unterlagen zuzuschicken. Anhand des Fotos wird er oder sie Sie dann erkennen und gerät trotzdem nicht unter Zugzwang, was bei einem persönlichen Vorbeikommen in einer womöglich gerade stressigen Situation ungünstig verlaufen könnte.

Wenn man Sie nicht kennt, was der Regelfall sein dürfte, wirkt ein persönlicher Besuch oft nervig und auch ein wenig »Hansdampf«-mäßig, jedenfalls aber nicht allzu seriös. Mit einer gut verpackten, schriftlichen Bewerbung können Sie sich seriös darstellen und halten auch den nötigen Abstand, denn auch das gehört zum Bankgewerbe: daß man auf freundlicher Distanz zu Mitarbeitern und Kunden bleibt. Es wird wohl höchst selten vorkommen, daß sich Bankangestellte ungezwungen im Kundenverkehr bewegen und sich zum Beispiel untereinander duzen und flapsig mit Vornamen (»Du, Inge, machst du mal die Miete für den Müller klar?«) ansprechen – nein, wenn auch man schon dreißig Jahre zusammenarbeitet, man bleibt im Kundenverkehr immer die »Frau Meyer« oder der »Herr Vorberg«. Und das ist gut so: Denn auch wenn das Verhältnis der meisten Bankkunden zu ihrem eigenen Geld häufig von tiefster persönlicher Zuneigung geprägt ist (...), so sollte doch der Bankangestellte möglichst formal auftreten, um Souveränität und nicht zuletzt auch Immunität gegenüber der Verlockung anderer Leute Geld nach außen zu tragen.

Es ist kein Wunder, daß heutzutage so viele Home-banking-Angebote angenommen werden – hier wird die Komponente der menschlichen Mitarbeiter (die ja gleichwohl vorhanden sind) auf ein Mindestmaß reduziert. Und es stimmt: Kein Mensch würde eine Bank als »gemütlich« bezeichnen oder das

Arbeitsklima als »fröhlich«. »Steril-kühle Architektur und Einrichtung« und »freundliche Distanz« treffen schon eher zu. Achten Sie deshalb auch schon bei Ihrer schriftlichen Bewerbung darauf, daß es nicht zu sehr »menschelt«. Ach ja: Telefonische Bewerbungen können Sie erst recht sein lassen, außer natürlich, es wird in einer Anzeige ausdrücklich angeboten. Manchmal steht da: »Falls Sie vorab weitere Informationen möchten, rufen Sie Herrn oder Frau XY unter ... an.« Das können Sie gerne tun, denn in diesem Fall ist man auf Ihren Anruf vorbereitet. Dennoch empfiehlt sich auch hier die telefonische Kontaktaufnahme nur, wenn Sie sicher sind, daß Sie etwas zu sagen haben und sich auch gut verkaufen können. Wenn Sie allerdings von sich selbst glauben, daß Sie besser eine schriftliche Bewerbung schicken sollten, tun Sie das – das ist immer richtig und wird Ihnen nicht ein unsicheres Gefühl wegen eines nicht so gut verlaufenen Telefonats geben.

Das Anschreiben:

Ihr Schlüssel zum Bewerbungserfolg

Das Anschreiben wird von vielen Bewerbern in seiner Bedeutung unterschätzt und dementsprechend nachlässig behandelt: Da schreibt man dann zum Beispiel einfach:

Sehr geehrte Damen und Herren,

aufgrund Ihrer Zeitungsanzeige vom 8. 3. 97 schicke ich Ihnen hier meine Bewerbung. An der angebotenen Stelle als … wäre ich sehr interessiert.

Mit freundlichen Grüßen
Jürgen Harksen

Mit einem solch einfachen Anschreiben sagen Sie zwar, was Sie wollen, aber Sie sagen es nicht unbedingt besonders charmant. Wenn Sie sich auf offener Straße in jemanden verlieben, gehen Sie dann etwa hin und fragen: »Gehen wir zu Dir oder zu mir?« Wohl eher nicht (es soll allerdings schon ähnliche Fälle gegeben haben …), sondern Sie werden versuchen, den umworbenen Menschen mit schönen Worten, vielleicht Schmeicheleien und durch Ihre interessante Selbstdarstellung für sich zu gewinnen. Nicht viel anders funktioniert auch eine Bewerbung um einen Arbeitsplatz: Sie stellen sich vor, wie gut Ihnen das Unternehmen gefällt und wie hervorragend Sie doch zu ihm passen würden, da Sie bestimmte Kenntnisse und Vorzüge besitzen und auch bereit sind, Engagement in die Beziehung einzubringen, damit eine für beide Parteien glückliche Partnerschaft entsteht … Bedenken Sie das, bevor Sie auch nur eine Zeile schreiben.
Nun soll es natürlich nicht darum gehen, einen tollen Liebesbrief zu schreiben, sondern den Raum von einer DIN-A4-Seite oder etwas mehr, den man zur Verfügung hat, als Geschenk zu begreifen und etwas daraus zu machen. Denn das Anschreiben ist in Ihrer Bewerbung die einzige Möglichkeit, neben Fakten und Zeugnissen etwas von Ihrer Persönlichkeit darzu-

stellen – und diese Chance sollten Sie unbedingt nutzen! Stellen Sie also in diesem Anschreiben das schriftlich vor, was Sie als Ihre Kampagne für sich selbst gerade erarbeitet haben. Zeigen Sie mit einem guten Papier, daß Sie Geschmack besitzen, und mit einem computergeschriebenen Brief, daß Sie technisch nicht auf dem Stand von gestern sind (verwenden Sie bitte einen nüchternen Schrifttyp – keine Schnörkel oder Schreibschrift oder andere Extravaganzen).

Allein das Äußere Ihres Anschreibens, das Ihrer Bewerbung obenauf liegt, soll das obengenannte »Bankfeeling« verströmen. Den Rest machen Sie über eine sachliche, gerne auch ein wenig schmeichelhafte inhaltliche Darstellung des Unternehmens und Ihrer eigenen Person. Stellen Sie den Kontakt her zwischen diesen beiden Ebenen: Warum sind Sie der geeignete Mann oder die geeignete Frau für das Unternehmen – was können und wollen Sie für das Unternehmen tun? Zeigen Sie, daß Sie sich Gedanken gemacht haben und daß es Ihnen wirklich ernst ist mit Ihrer Bewerbung! Ihre Inhalte sollten Begeisterung und den Willen zum Engagement für das Unternehmen rüberbringen und kurz Ihre bisherige Laufbahn widerspiegeln (später ausführlich im Lebenslauf, dazu mehr auf den folgenden Seiten). Formal sollten Sie sich bitte an das gewöhnliche Briefmuster halten.

Formales Muster eines Anschreibens

Jürgen Harksen
Eppendorfer Landstr. …
20249 Hamburg
Tel. & Fax: …

Privatbank Nassauer & Söhne
Personalabteilung
z. H. Herrn/Frau …
Am Geldmarkt 45
20222 Hamburg

Hamburg, 8. März 1997

Bewerbung als …
Ihre Anzeige in der … vom …

Sehr geehrte(r) Frau/Herr XY,
(falls unbek.: Sehr geehrte Damen und Herren,)

. . . .

. . . .

. . . .

. . . .

Mit freundlichen Grüßen
(handschriftliche Unterschrift)

Anlagen: Lebenslauf, Foto, Zeugniskopien
(u. a. gegebenenfalls)

Da, wo jetzt die gepunkteten Linien sind, bleiben Ihnen zumindest zwei Drittel der Seite (wenn Sie viel zu sagen haben, können Sie getrost auch eine zweite Seite anfangen – danach ist aber Schluß!), um die oben besprochenen, inhaltlichen Annäherungen an das Unternehmen unterzubringen. Das könnte zum Beispiel so aussehen:

Jürgen Harksen
Eppendorfer Landstr.
20249 Hamburg
Tel. & Fax: …

Privatbank Nassauer & Söhne
Personalabteilung
z. H. Herrn Gelder
Am Geldmarkt 45
20222 Hamburg

Hamburg, 8. März 1997

Bewerbung als »Sachbearbeiter Industriekredite«
Ihre Anzeige im »Hamburger Abendblatt«
vom 5. März 1997

Sehr geehrter Herr Gelder,

mit großem Interesse las ich am Samstag Ihr Stellenangebot im »Hamburger Abendblatt« und möchte mich hiermit um die Position des Sachbearbeiters für Industriekredite bewerben.
Kurz zu mir: Ich bin bereits seit fünf Jahren auf die Arbeit mit der Industrie spezialisiert. In meiner jetzigen

Tätigkeit bei einer anderen renommierten Bank dieser Stadt bin ich täglich mit der kompletten Rundum-Betreuung unserer Kunden aus Industrie und Handel beschäftigt (und es macht immer noch Spaß). Die gewünschte Ausbildung im Bankbereich bringe ich selbstverständlich ebenso mit wie ein wirtschaftswissenschaftliches Studium. Ach ja: Ich bin 32 Jahre alt und passe deshalb bestimmt gut in Ihr neues, junges Team, das Sie aufbauen möchten.
Ich würde gerne für ein so angesehenes Haus wie das Ihre arbeiten und die Kreditbetreuung für die Kunden aus dem industriellen Bereich übernehmen – mit allem, was dazugehört. Nicht zuletzt auch mit dem richtigen Gefühl für die Wichtigkeit dieser Kunden und mit einem Gespür für den richtigen Ton.
Ich würde mich freuen, wenn Sie mich zu einem Vorstellungsgespräch einladen würden. Was Sie sonst noch über mich und meine bisherige Arbeit wissen müssen, finden Sie auf den folgenden Seiten.

Mit freundlichen Grüßen
Jürgen Harksen

Verzichten Sie im Anschreiben auf altmodische Formulierungen wie »Hochachtungsvoll«, und geben Sie sich ansonsten zwar modern und aufgeschlossen, aber dennoch seriös und ernsthaft (man kann es gar nicht oft genug sagen). Ihr Anschreiben muß in Inhalt und Form erkennen lassen, daß Sie für die angebotene Tätigkeit in Frage kommen – ansonsten wird man sich gar nicht erst um die Zeugnisse und Nachweise kümmern, die Sie mitgeschickt haben. Bei den Einstellungsbeauftragten stapeln sich die Bewerbungen auf dem Schreibtisch, und anhand des allerersten, optischen und inhaltlichen Eindrucks (über das Anschreiben) wird bereits die erste Vorauswahl getroffen: Und da wollen Sie doch nicht schon auf dem Ablehnungsstapel landen, oder?
Für dieses Buch wurde eine Umfrage bei Personalabteilungen deutscher Unternehmen, darunter natürlich auch Banken, gemacht: Das Ergebnis war, daß viele Personalbearbeiter beklagten, zu viele lieblose Standardbewerbungen zu bekommen, die keinerlei Chance auf den angebotenen Job eröffneten. Die Anschreiben seien in vielen Fällen so allgemeingültig und nichtssagend konzipiert, daß man den klaren Eindruck gewinne, die Bewerber würden an hundert verschiedene Unternehmen die gleiche Bewerbung verschicken und nur die jeweilige Anschrift neu einsetzen. Ein solches Bewerbungsverfahren eröffnet natürlich nur sehr geringe Chancen – ein Unternehmen möchte sehen, daß Sie nicht irgendeinen Job suchen, sondern genau den angebotenen bei genau diesem Unternehmen.
Sie müssen in Ihrem Anschreiben dafür Sorge tragen, daß der Leser Ihres Briefs sich und das von ihm vertretene Unternehmen persönlich angesprochen fühlt – nur so ist es überhaupt möglich, den ersten Schritt zu einer vertrauensvollen Bindung

Muster eines tabellarischen Lebenslaufs

Lebenslauf	***Foto** (eingeklebt)*
Name:	*Jürgen Harksen*
Wohnort:	*Eppendorfer Landstr. …, 20249 Hamburg, Tel. & Fax: …*
geboren:	*16. 3. 1955*
Familienstand:	*verheiratet, zwei Kinder*
Schulbildung:	*19.. bis 19..: Grundschule Hamburg-Eppendorf 19.. bis 19..: Orientierungsstufe Brake (Niedersachsen) 19.. bis 19..: Gymnasium Köln-Deutz mit Abitur 19..*
Wehrdienst	*19.. bis 19..: Marineflieger Westerland/Sylt*
Berufsausbildung:	*19.. bis 19..: DM-Bank Hamburg-Eppendorf mit Bankkaufmann-Abschluß (Note 1) 19..*
Berufspraxis:	*19.. bis 19..: Industriekreditberater bei DM-Bank Hamburg seit 19..: selbständiger Anlageberater, tätig im In- und Ausland*
Sonstiges:	*seit 19..: vornehmlich tätig in Südafrika-Geschäften*
Sprachen:	*fließend Englisch und Spanisch Grundkenntnisse Russisch*

Hamburg, 8. März 1997
(handschriftliche Unterschrift)

(was eine Festanstellung ja ist) erfolgreich zu bestehen. Verschicken Sie also lieber zehn gute und persönliche Bewerbungen, als hundert von der Stange – die Erfolgsaussichten sind auf diese Weise höher (und die Kosten in puncto Porto geringer). Ein Unternehmen, das auf eine Bewerbung von der Stange positiv antwortet, ist oftmals selbst nicht gerade die beste Wahl, aber das werden Sie ja gar nicht erst feststellen müssen …

Zu den formalen Selbstverständlichkeiten: Rechtschreib-, Grammatik- und Kommafehler sind absolut tabu – genauso wie Korrekturen mit Tipp-Ex oder anderen Methoden. Wenn sich ein Fehler eingeschlichen hat, heißt das: noch mal neu schreiben! Dahinter steht einfach die Idee, daß Ihre Bewerbung ein so gutes und perfektes Bild wie nur irgend möglich von Ihnen zeichnen soll – und nur bei dieser schriftlichen Annäherung an das Unternehmen kann Ihnen niemand dazwischenfunken! Sie können das Beste aus sich herausholen – genau wie ein Tennisspieler beim Aufschlag: Wenn er unbedrängt, anstatt ein As zu schlagen, einen Doppelfehler fabriziert, ist das eigentlich ziemlich unnötig. Also sorgen Sie dafür, daß Ihr Anschreiben und Ihre komplette Bewerbung keine Fehler enthalten, sondern wirklich tipptopp sind. Denn eine schriftliche Bewerbung mit Fehlern zeigt, daß Ihr Bestes offensichtlich nicht gut genug für das Unternehmen, sprich: die Bank Ihrer Wahl, ist. Und damit tschüs, und mit den Unterlagen zurück an den Absender.

Der Lebenslauf:

Halten Sie sich an die nüchternen Fakten!

Wenn Sie sich nun daranmachen, einen Lebenslauf zu erstellen, denken Sie bitte daran, daß dieser in möglichst kurzer und übersichtlicher Form Aufschluß über Ihr bisheriges Leben geben soll. Verfassen Sie den Lebenslauf deshalb in tabellarischer Form – schreiben Sie keinen »ausführlichen Lebenslauf« im Fließtext, wie das früher noch üblich war. Damals ging es darum, festzustellen, ob der Bewerber überhaupt schreiben und einigermaßen strukturiert erzählen konnte, heute ist der Lebenslauf in neunundneunzig Prozent der Fälle (außer wenn es ausdrücklich anders gewünscht wird) tabellarisch und übersichtlich zu gestalten. Hier geht es um die Facts! Deshalb: Erzählen Sie keine Geschichten (und lassen Sie Hobbys und Ihr Lieblingsessen außen vor ...), sondern halten Sie sich an die nüchternen Fakten – das gilt natürlich auch (und im besonderen!) für die Richtigkeit und Zuverlässigkeit Ihrer Angaben!

Wichtig ist: daß Ihr Lebenslauf übersichtlich ist und möglichst nicht mehr als eine bis anderthalb Seiten in Anspruch nimmt. Auch den Lebenslauf sollten Sie per PC verfassen – handschriftliches Schreiben ist absolut »out«. Falls so etwas vom Wunscharbeitgeber tatsächlich verlangt wird (zwecks Handschriftenprobe ...), handelt es sich bei dem Unternehmen wahrscheinlich nicht gerade um eine besonders seriöse Institution (Sie müssen damit rechnen, daß man dort Ihre

Qualifikation aus dem Kaffeesatz erliest …). Das einzig Handschriftliche an Ihrem Lebenslauf – genau wie bei Ihrem Anschreiben – ist Ihre Unterschrift darunter!

Achten Sie bitte darauf, daß Sie nicht vergessen, Ihren Lebenslauf mit aktuellem Datum zu unterschreiben, und stellen Sie sicher, daß Ihr Anschreiben (auch hier die Unterschrift nicht vergessen!) das gleiche Datum trägt! Ihr Lebenslauf sollte zudem immer ein Originalausdruck sein – keine Kopie. Zeugnisse und andere Dokumente sind aus Sicherheitsgründen (die Gefahr, daß sie verlorengehen, ist zu groß) immer als Kopie zu schicken. Die selbsterstellten Schriftstücke wie Anschreiben und Lebenslauf müssen unbedingt Originale sein, da hier eine Kopie nur nach Arbeitserleichterung aussieht, sonst aber keinen weiteren Zweck erfüllt, da hier ja keinerlei Verlustrisiko besteht. Ansonsten können sie auf Eintragungen, zum Beispiel der Namen Ihrer Eltern, verzichten und ebenso auf genaue Daten zu Ihrer Grundschulzeit oder die Erwähnung irgendwelcher Hobbys – das interessiert heutzutage einfach niemanden mehr. Und geben Sie nicht mehr an, als das, was tatsächlich stimmt: Wenn Sie als Drittsprache »Norwegisch« angeben, sollten Sie nicht nur »Guten Morgen« sagen können – schließlich könnten Sie mal in die Situation kommen, die Sprache sprechen zu müssen. Dann wird es Ihnen lieber sein, Sie wären in Ihrem Lebenslauf ehrlicher gewesen!

Das Foto:

Geben Sie ein gutes Bild ab!

Das Foto gehört in die rechte obere Ecke Ihres Lebenslaufs – und zwar eingeklebt, wenn das vom Format her möglich ist. Im allgemeinen ist eine Bildgröße von Paßbildformat bis höchstens 10 × 15-cm-Portrait erlaubt – letzteres Format allerdings empfiehlt sich eher in anderen Branchen wie zum Beispiel Medien oder Werbung, wo man nicht nur nach fachlichen Qualitäten, sondern oft auch nach »Persönlichkeitsdarstellern« sucht. Im Bankgeschäft geht es nicht so sehr um die möglichst großformatige Selbstdarstellung, sondern um eine der Position angemessene, optische Vorstellung. Und da reicht zumeist auch ein kleineres Bild – Hauptsache, es ist gut gemacht. Womit wir schon beim Thema wären: Nette Urlaubsschnappschüsse, die Sie im locker-bunten Hawaii-Dreß zeigen, aber auch jede andere Art von Privatfotos machen Ihre Bewerbung wertlos. Niemand wird Sie mit solchen Bildern einstellen. Und auch Fotos vom Bahnhofsautomaten sind selten etwas wert – ebensowenig wie jede Form von Extravaganz, die sich anhand der Bilder nachweisen läßt. Gerade im Bankgeschäft, wo auf nüchterne Seriosität gesetzt wird, empfiehlt sich eine gute, nicht zu persönlich oder peppig wirkende Aufnahme bei einem Fotografen. Ob Schwarzweiß oder in Farbe, das ist Geschmackssache, wobei natürlich Schwarzweiß etwas schlichter und ernsthafter wirkt, was bei einer Bewerbung bei einer Bank vielleicht noch mehr Eindruck macht.

Tragen Sie bitte auf dem Bild die typische Bankerkleidung:

Ein einfarbiges, möglichst gutes Hemd für die Herren – am besten mit Krawatte, denn die ist in Bankkreisen immer noch obligatorisch, während sie in anderen Branchen mehr und mehr an Bedeutung verliert. Für die Damen ein schickes Kostüm, ebenso schlicht wie elegant, oder eine ebenfalls einfarbige Bluse. Sie wollen schließlich seriös wirken! Für Fotos, die Sie gut aussehen lassen, legen Sie auch etwas mehr auf den Tisch – was sich allerdings lohnen wird, denn Ihre Erfolgsaussichten erhöhen sich dadurch enorm.
Apropos: Nicht jeder Fotograf macht einigermaßen ordentliche Fotos, was die Qualität angeht – gehen Sie also nicht zum erstbesten Anbieter, nur weil der gerade um die Ecke wohnt! Wenn Sie den Eindruck haben, daß Sie auf dem Foto »doof« gucken, lassen Sie eine neue Aufnahme machen, auch dann, wenn Sie bereits bezahlt haben. Denn wenn Sie sich selbst nicht gefallen, wie sollen dann andere von Ihrer Ausstrahlung überzeugt sein? Kleben Sie das Bild in die rechte obere Ecke des Lebenslaufs. Falls es aus Formatgründen nicht paßt, dürfen Sie es auch anheften – schreiben Sie dann aber bitte Ihren Namen auf die Fotorückseite, damit man das Bild Ihrer Bewerbung zuordnen kann, falls es sich mal lösen sollte. Und noch etwas: Nach zwölf Monaten ist das Haltbarkeitsdatum Ihres Fotos abgelaufen – schließlich will man Sie auch noch wiedererkennen können, wenn Sie zum Vorstellungsgespräch erscheinen. Denken Sie daran, daß das Foto ein Abbild von Ihnen sein sollte – und zwar ein möglichst gutes und aktuelles!

Zeugnisse und andere Nachweise

Schul-, Ausbildungs- und Arbeitszeugnisse genießen im Bankgeschäft eine ziemlich hohe Bedeutung – nicht nur im Hinblick auf Fähig- und Fertigkeiten eines Bewerbers oder einer Bewerberin, sondern auch auf seine oder ihre Umgangsformen und Arbeitsweise. Gerade letztere sind in einem Geschäft mit viel Kundenverkehr, wie es das Bankgeschäft ist, enorm wichtig. Und da es – anders als zum Beispiel im Medienbereich – keine Arbeitsproben gibt, verläßt man sich auf die Beurteilungen anderer Leute. Die Zeugnisse sind das Fundament Ihrer Bewerbung, so wie das Anschreiben und der selbstverfaßte Lebenslauf der Schmuck sind, der etwas über Ihre Persönlichkeit aussagt, sollen Zeugnisse Ihre fachliche Qualifikation beweisen. Legen Sie also alles, was Sie vorweisen können, als Kopie bei – niemals das Original, denn Sie können nie sicher sein, ob Sie Ihre Bewerbungsunterlagen jedesmal wieder zurückbekommen. Und außerdem haben Sie ja sowieso nicht so viele Originale, daß Sie gleich mehrere Bewerbungen damit bestücken könnten ... Ordnen Sie die Zeugnisse nach Wichtigkeit und Aktualität: Das wichtigste Zeugnis sollte jedenfalls oben liegen, gleich als erstes nach dem Lebenslauf, auch wenn es zum Beispiel bereits Fortbildungen oder ähnliches gegeben hat, die eigentlich aktueller sind.

Doch denken Sie daran, daß Bewerbungen häufig gar nicht ganz durchgesehen werden, so daß es auf jeden Fall sinnvoll ist, die wichtigen Dokumente so weit vorne wie möglich zu präsentieren – gerade die ersten Seiten werden häufig mit größerer Aufmerksamkeit betrachtet. Wenn zwei Zeugnisse

von gleicher Bedeutung sind, heften Sie bitte das aktuellere weiter nach vorne, damit man es zuerst liest. Insgesamt sollten Ihre Zeugnisse und Nachweise einigermaßen logisch angeordnet sein, so daß man einen guten Überblick bekommt – behalten Sie also immer die Leserfreundlichkeit im Auge!
Neben Schul-, Ausbildungs- und Arbeitszeugnissen legen Sie bitte auch Nachweise über Computerkenntnisse, Fremdsprachen, Auslandsaufenthalte, Praktika oder Weiterbildungen bei – je mehr Sie vorweisen können, desto besser, und natürlich sollte es zum Berufsbild passen. Das Zeugnis über ein Praktikum bei einer Zeitung, als Sie noch Journalist werden wollten, lassen Sie besser außen vor – und erst recht natürlich private Auszeichnungen wie die Urkunde vom Sportverein …

Und nun werfen wir noch einen kurzen Blick auf das Kapitel »Arbeitszeugnisse und was sie aussagen«. Falls Sie folgende oder ähnliche Ausdrücke im Zeugnis Ihres letzten Arbeitgebers entdecken, sollten Sie zumindest wissen, was sie für einen geübten Personalchef bedeuten (so daß Sie, falls man Sie ungerecht behandelt hat, frühzeitig ein neues Zeugnis beantragen können, das Ihnen mehr Chancen einräumt):

> *… erledigte seine Aufgaben mit Fleiß und Interesse, war immer mit Interesse bei der Sache.* Bedeutet: war zwar bemüht, aber nicht besonders erfolgreich;
> *… bemühte sich, den Anforderungen gerecht zu werden.* Bedeutet: hat dabei aber leider versagt;
> *… verfügt über Fachwissen und zeigt ein gesundes Selbstvertrauen.* Bedeutet: hat wenig Fachwissen, leidet an Selbstüberschätzung.

Wenn Sie also solche Gemeinheiten in Ihrem Arbeitszeugnis stehen haben, scheuen Sie nicht davor zurück, sich zu melden und ein neues Zeugnis zu beantragen – sollten derartige Beurteilungen wirklich ernst gemeint und kein Versehen sein, legen Sie das Zeugnis Ihrer Bewerbung lieber nicht bei. Eine fehlende Beurteilung stellt zwar eine Lücke in Ihrer Bewerbung dar, ist aber immer noch besser als ein schlechtes Zeugnis, das Ihnen garantiert keine Hilfe ist. Und logischerweise sollten Sie bei einem solchen Zeugnis wirklich ganz schnell mal in sich gehen und Ursachenforschung betreiben: Vielleicht haben Sie wirklich große Schwächen oder engagieren sich nur äußerst mittelmäßig für Ihre Arbeitgeber – wenn dem so ist, sollten Sie schleunigst umdenken! Denn Mitarbeiter mit solchen »Qualitäten« werden ganz schnell zu sogenannten »schweren Jungs«, also zu sehr schwer vermittelbaren Fällen des Arbeitsamtes – und wer will das schon sein?!

Eine gute Verpackung ist wichtig

Wenn Sie nun Ihre Unterlagen (Anschreiben, Lebenslauf mit Foto, Zeugnisse und Nachweise) inhaltlich und optisch gestaltet und auf Hochglanz gebracht haben, brauchen Sie nur noch eine Verpackung, in der Sie Ihre Bewerbung verschikken können. Greifen Sie dabei auf etwas zurück, was schlicht-elegantes Understatement rüberbringt – eine unifarben dunkle, vielleicht naturfarbene (das ist aber Geschmackssache) Mappe, am besten aus dickerem Karton. Es gibt natürlich auch diese bereits vorgefertigten Bewerbungsmappen zu kaufen – die sind häufig recht ansehnlich, haben aber den Nachteil, daß mittlerweile Tausende von Bewerbern ihre Unterla-

gen damit verschicken. Im Vergleich zum bunten Plastikschnellhefter ist dieser Methode allerdings bei weitem der Vorzug zu geben.
Ansonsten ist auch eine feste Klarsichthülle erlaubt, die an der einen Seite geöffnet ist (sie wirken besser als die Schnellhefter-Klarsichthüllen, wo man das Zeug oben reinschiebt, und anschließend das Ganze abheftet). So verpackt kommen Ihre Bewerbungsunterlagen in einen DIN-A4- bzw. -B4-Umschlag, wo sie locker *ungeknickt* reinpassen. Dieser Umschlag sollte zudem einen festen Papprücken haben, damit Ihre Unterlagen auch beim Transport nicht geknickt werden oder andere Schäden nehmen.
Sinn dieser Verpackungsaktion ist es, daß Ihre Sachen den Empfänger genauso ordentlich erreichen, wie Sie sie eingetütet haben. Und natürlich wirkt eine bessere Verpackung auch äußerlich ganz gut. Achten Sie deshalb auch darauf, daß Sie nicht den billigsten und schäbigsten Umschlag aussuchen – sondern einen, der stabil ist und auch danach aussieht. Schicken Sie Ihre Bewerbung ausreichend frankiert – niemand möchte für Sie Strafporto bezahlen (und tut es auch nicht. Am nächsten Tag würde Ihr Briefträger Ihnen den Brief mit dem Vermerk »Annahme verweigert« zurückbringen).

Noch ein Tip: Verzichten Sie auf Einschreibsendungen, da auf diese Weise die Zustellung oft erschwert wird, wenn gerade niemand da ist, um ihre Sendung anzunehmen (z. B. samstags). Dann landet Ihr Schreiben in der Post und wird vielleicht erst in zwei, drei Tagen abgeholt, wenn jemand Zeit hat – was bei kleineren Bankfilialen schon mal der Fall sein kann. Schicken Sie den Brief ganz normal – und melden Sie sich vorsichtshalber bei dem Unternehmen, wenn Sie nach zweieinhalb bis drei Wochen noch keine Rückantwort über den Eingang Ihrer Unterlagen bekommen haben sollten.

Das Vorstellungsgespräch:

Wie Sie sich optimal darauf vorbereiten und sich richtig verhalten

Je nach Unternehmen kann es etwa zwei bis vier Wochen, in Einzelfällen sogar länger, dauern, bis Ihnen eine Mitteilung auf den Tisch flattert, ob Sie zu einem Vorstellungsgespräch eingeladen werden sollen. Wenn Sie dann eine solche Einladung erreicht, haben Sie zwar schon viel geschafft, aber noch längst nicht den begehrten Job in den Händen! Nicht wenige Bewerber denken, mit einem Vorstellungsgespräch wäre die Sache schon so gut wie klar und es ginge nur noch mal ums Kennenlernen, was natürlich zumeist nicht der Fall ist. Oftmals werden – gerade bei großen Banken – viele Bewerber eingeladen, um neben einem Gespräch oder einer Gesprächsrunde noch zahlreiche Tests oder ein sogenanntes Assessment-Center zu durchlaufen (letzteres vor allem bei Hochschulabsolventen, die sich um Positionen mit höherer Verantwortung oder Trainee-Programme bewerben). Wenn Sie also diese letzte Hürde noch erfolgreich nehmen wollen, müssen Sie sich grundlegend und konzentriert auf den Termin vorbereiten.

An dieser Stelle wollen wir ein paar Tips für das reine Vorstellungsgespräch geben. Und nach diesem Kapitel geht es dann weiter mit dem Thema »Einstellungstests und Assessment-Center«.

Doch nun zu Ihrer Gesprächsvorbereitung: Überlegen Sie, warum man Sie eingeladen hat. Man will Sie kennenlernen, um zu überprüfen, ob der gute Eindruck Ihrer Bewerbungsunterlagen auch »live« rüberkommt: Hat der Bewerber oder die Bewerberin die Ausstrahlung und Persönlichkeit, die ihn oder sie für das Bankgeschäft qualifiziert? Und: Kann er oder sie im Gespräch Kompetenz nachweisen – was sehr wichtig ist, denn im Bankkundenverkehr ist es von enormer Bedeutung, einen kompetenten Eindruck auf die Kunden zu machen. Die Kunden sollen denken: »Mein Kundenberater hat mein volles Vertrauen, wenn er mir zu bestimmten Anlageformen rät!« Und ob man dem Bewerber dieses persönliche Vertrauen entgegenbringen kann, sowohl fachlich als auch was die Ausstrahlung angeht, soll das Gespräch ergeben.
Zunächst bestätigen Sie bitte per Brief, Fax oder Telefon, daß Sie die Einladung erhalten haben und sich freuen, zum Gesprächstermin erscheinen zu können. Wenn Ihnen der angebotene Termin gar nicht passen sollte, rufen Sie bitte an und vereinbaren einen anderen (aber nur im äußersten Notfall, denn im Unternehmen hat man auch einen festen Zeitplan für die Bewerbergespräche aufgestellt, der soweit wie möglich eingehalten werden soll). Wichtig ist, daß Sie über das Unternehmen bzw. die Bank, bei der Sie vorstellig werden wollen, in Grundzügen Bescheid wissen – viele Informationen finden Sie bereits in den Prospekten, die jede Bank im Foyer oder am Schalter für die Kunden bereithält. Oder aber, Sie informieren sich anhand von Fachliteratur oder lassen sich genauere Infor-

mationen über die Presseabteilung zuschicken, die es in vielen größeren Filialen gibt.
Mit diesen Informationen können Sie sich bereits zu Hause in Ruhe auf das Unternehmen bzw. die Bank vorbereiten: Aus dem Material läßt sich sehr leicht ersehen, wo die geschäftlichen und imagemäßigen Schwerpunkte der Bank liegen. Eine Sparkasse, zum Beispiel, die eher auf den Kunden von nebenan setzt, wird in ihrer Kundenwerbung persönlich und nett auftreten – und sich auch mit ihren Angeboten fast ausschließlich an Otto Normalverbraucher wenden, zum Beispiel mit kleinen Privatkrediten oder guten Girokonto-Angeboten für die jungen Kunden. Eine Privatbank, die vornehmlich Geschäftsleute und Wirtschaftsbetriebe betreut, wird ihr eigenes Infomaterial von den Inhalten eher nüchtern, von der Aufmachung dafür aber edler gestalten, um auf diese Weise den Geschäftskunden, wo es um große Beträge geht, Ernsthaftigkeit, Seriosität und auch Größe zu vermitteln. Die freundlich-familienmäßig orientierte Atmosphäre der Sparkasse um die Ecke, die sogar eine Kinderspielecke hat, ist in einer solchen Privatbank (wo sich eh nur Schlipsträger rumtreiben) fehl am Platze. Das und vieles mehr kann man sehr gut aus den Unterlagen und Werbematerialien ersehen – und kann daraus Rückschlüsse für das Bewerbungsgespräch ziehen.

So, und nun zu Ihrer Garderobe. Ein Personalchef einer Bank erzählt dazu folgende Geschichte: »Ein Bewerber – 18 oder 19 Jahre alt – bewarb sich bei uns um einen Ausbildungsplatz zum Bankkaufmann. Seine Unterlagen gefielen uns gut, also luden wir ihn zu einem Gespräch ein. Als er dann anderntags zu uns kam, sahen wir einen jungen Mann, der teurer gekleidet war als wir: ein schwerer, edler Mantel, darunter ein Designeranzug, ein Halstuch (!), die feinsten Schuhe und so weiter. Wir waren erstaunt und fragten uns am Ende des Gesprächs, ob ein junger Mensch, der offenbar soviel Luxus gewöhnt ist, überhaupt mit der doch recht schmalen Vergütung einer Ausbildung zurechtkommen würde. Doch als er ging, sah ich von meinem Bürofenster aus, wie er zwei Fahrrad-Hosenklemmen aus seiner Manteltasche holte und – ich war, gelinde gesagt, erstaunt – auf das klapprigste Fahrrad stieg, das ich je gesehen hatte. Mit ziemlichen O-Beinen fuhr er davon, damit die teure Hose ja nicht in die ölige Kette gerate …« Der Bewerber bekam den Job nicht – obwohl er von der fachlichen Seite durchaus gute Chancen gehabt hätte. Nur: Sein Auftreten entsprach weder der Wahrheit noch der Bedeutung der Position, um die er sich bewarb. Überlegen Sie sich also gut, was Sie anziehen: Man muß Ihnen Ihre Garderobe abnehmen (ohne, daß Sie nun in Lederkluft bzw. Motorradkombi erscheinen), und Sie sollten der Position gemäß angezogen sein.

Das klingt alles schwieriger als es ist – denn nirgendwo kann man sich besser auf eine eingespielte Variation verlassen, als im Bankgeschäft: Für die Herren ein einigermaßen unauffälliger und trotzdem guter Anzug, ein weißes oder blaues Hemd und Krawatte sowie schwarze Schuhe und ebensolche Socken. Für die Damen ein möglichst ebenfalls nicht zu billiges und nicht zu buntes Kostüm. Wer diese Kombination beachtet, fährt immer richtig. Nur sollte es beim Lehrling nicht unbedingt ein Anzug von JOOP! oder Armani sein, während ein Bewerber um eine gehobene Position durchaus so auftreten darf. Generell gilt: Freizeitkleidung ist im Bankgewerbe nicht erlaubt! Für die Herren der Schöpfung herrscht Krawattenzwang! Halten Sie sich bitte daran. Achten Sie auf saubere

Schuhe und Socken in der gleichen, zumindest dunklen Farbe (auf keinen Fall weiße!!!). Beim Schuhwerk sollten Sie bitte darauf achten, daß es sich nicht um die miesesten »Slipper« handelt, die ja bei nicht wenigen Männern hoch im Kurs stehen, sondern um festes Schuhwerk aus glattem Leder. Denn es geht nur um das eine: Daß Sie einen ordentlichen Eindruck machen. Extravaganz ist in den meisten Fällen genausowenig angesagt wie Freizeitbekleidung – die optischen Freiheiten eines Bankangestellten sind da sehr begrenzt. Wenn Sie dementsprechend auftreten, machen Sie garantiert nichts falsch.
Bevor Sie sich auf den Weg machen (planen Sie genügend Zeit ein, damit Sie nicht schon vorher in Streß kommen!), sorgen Sie dafür, daß Sie während des Gesprächs keinen Hunger bekommen oder auf die Toilette müssen – körperliche Quälgeister können während eines vielleicht ein- oder anderthalbstündigen Gesprächs nämlich ganz schön nerven!
Ihr Auftreten sollte zeigen, daß Sie die Seriosität und freundliche Ernsthaftigkeit, die für den Kundenverkehr im Bankgewerbe nötig sind, glaubhaft rüberbringen können. Dazu gehört auch ein fester Händedruck ohne Gewaltanwendung und der Blick in die Augen Ihres Gesprächspartners (allerdings nicht ununterbrochen – Sie sind kein Psychiater).
Zeigen Sie im Gespräch auch inhaltlich, daß Sie sich über die Bank informiert haben und wissen, worauf es ankommt. Erzählen Sie, was Sie gerne machen oder lernen möchten, was Sie bisher gemacht haben – und warum Sie das für diese Tätigkeit qualifiziert. Aber Achtung: Tragen Sie nicht zu dick auf, sondern beleuchten Sie nur die Wahrheit von einer für Sie günstigen Seite. Führen Sie die Gedanken, die Sie sich bereits ganz am Anfang im Rahmen Ihrer »Kampagne für sich selbst« gemacht haben, nun noch einmal überzeugend mündlich aus.

Wenn Sie vorher wissen, was Sie sagen wollen, werden Sie es weitaus leichter haben, als wenn Sie unvorbereitet ins Gespräch gehen und ständig nachdenken müssen, wenn man Sie etwas fragt.
Überlegen Sie sich auch bereits vorher genau, was Sie verdienen möchten (gilt nicht für Azubis), und machen Sie sich keine Sorgen: Sie brauchen mit diesem Thema nicht anzufangen, man wird Sie schon danach fragen (zumeist am Ende des Gesprächs). In dem Moment sollten Sie klipp und klar sagen können, wieviel Sie fordern, und nicht noch erst überlegen, denn das verrät Unsicherheit. Wenn Sie das Gespräch überstanden haben, kann es noch sein, daß Sie einige Tests bewältigen müssen – dazu nun mehr.

Einstellungstests und Assessment-Center

Das Assessment-Center wird fast ausschließlich von großen Unternehmen angewandt, um Fach- und Führungskräfte auf ihre Eignung für den Job zu prüfen: Mehrere Bewerber (in der Regel zwischen fünf und zehn) absolvieren ein ein- bis dreitägiges geschlossenes Seminar und werden von mehreren Betriebsmitarbeitern (Personalabteilung/Fachabteilungen) auf Herz und Nieren geprüft: Da gibt es Einzelinterviews und Gruppendiskussionen, Rollenspiele, Vorträge der einzelnen Bewerber und Arbeitsplatzsimulationen – das heißt, die Bewerber erhalten einzeln oder in Gruppen bestimmte Arbeitsaufgaben, die typisch sind für den Berufsalltag im angestrebten Job. In diesem Verfahren werden die Bewerber bis auf die Knochen geprüft. Man setzt vor allem deshalb darauf, weil »Blender«, die sich in reinen Bewerbungsgesprächen und anhand ihrer Unterlagen sehr gut verkaufen können, hier kaum noch eine Chance haben, sich durchzusetzen. Allerdings ist der formale Aufwand (Organisation, Vorbereitung, Zeit- und Personaleinsatz) für derartige Veranstaltungen so hoch, daß, wie gesagt, nur Großbanken im städtischen Kernbereich auf diese Weise arbeiten können. Wenn Sie sich bei der Filiale einer Bank auf dem Land oder in einer kleinen Stadt bewerben, oftmals auch in großen Städten, wird auf diese Prozedur in aller Regel verzichtet und nach dem traditionellen Verfahren ausgewählt. Was Sie dann eher treffen könnte, wären ein schriftlicher Einstellungstest, in dem Sie verschiedene Fragen zu Ihrer Person, Ihrem Lebenslauf und Ihren Fähigkeiten beantworten und einige Aufgaben lösen müssen.

Für alle diese Möglichkeiten gilt: Zeigen Sie sich von Ihrer besten Seite, aber werden Sie nicht zum Testjunkie, der stapelweise Ratgeber zum Bestehen derartiger Tests (»mit allen Fragen und Antworten!«) wälzt, sondern bereiten Sie sich lieber so vor, daß Ihr Know-how für den Arbeitsplatz, nicht für irgendeinen ominösen Test stimmt. Denken Sie an den Spruch: »Wir lernen fürs Leben, nicht für die Schule (oder irgendwelche Prüfungen)« – wenn Sie genügend Wissen und Klasse haben, mit den beruflichen Alltagsanforderungen umzugehen, brauchen Sie sich vor solchen Veranstaltungen nicht zu fürchten. Machen Sie es so, wie schon bei Ihrer Bewerbungskampagne: Bringen Sie Ihren persönlichen Wissensstand auf Vordermann – in bezug auf Allgemeinbildung, Ihre Persönlichkeit und das Unternehmen. Und lassen Sie sich nicht von Horrormeldungen irgendwelcher Bekannter oder sonstiger Quellen irritieren, wie schlimm und schwierig das Ganze sei. Sie stehen da doch drüber – es wird schon schiefgehen …

Die Zeit des Wartens – und danach

Egal, ob Sie nun »nur« ein Vorstellungsgespräch haben oder mehrtägige Tests – Sie werden nur in den seltensten Fällen bereits am selben Tag oder direkt nach dem Gespräch die Entscheidung mitgeteilt bekommen, ob Sie genommen werden. Je nach Größe der Bank und natürlich auch nach Aufwand des Bewerbungsverfahrens kann es nach Ihrem persönlichen Besuch noch zwei bis zum Teil vier oder sogar sechs Wochen dauern, bis Sie informiert werden. Diese Zeit wird oftmals einfach durch die Auswertung mehrtägiger Tests und ein eventuelles zweites Gespräch in Anspruch genommen.
Warten Sie bitte ab und verzichten auf nervende Anrufe, ob es schon zu einer Entscheidung gekommen sei – das wird man Ihnen zu gegebener Zeit mitteilen. Wenn Sie gleichzeitig mehrere Eisen im Feuer haben, wird es Ihnen in der Zwischenzeit nicht langweilig … Sollte es geklappt haben, dürfen Sie sich freuen – besonders, wenn Sie sich in aufwendigen Tests gegen Hunderte von Mitbewerbern durchgesetzt haben. Vergessen Sie dabei aber nicht, daß Sie sich nun genauso gewissenhaft auf die ersten Arbeitstage in Ihrem neuen Job vorbereiten müssen, wie Sie das anhand Ihrer Bewerbungskampagne bewiesen haben.
Lassen Sie sich vielleicht in einem Vorgespräch schon mal

Ihren Arbeitsbereich kurz erklären, damit Sie sich darauf einstellen können. Versuchen Sie, so schnell wie möglich nützlich für Ihren Arbeitgeber zu werden – schauen Sie dabei ruhig anderen Mitarbeitern, die schon länger dabei sind, über die Schulter, und scheuen Sie auch vor gelegentlichen Fragen an diese nicht zurück. Denn es ist selbstverständlich, daß ein Neuer sich erst mal einarbeiten muß und daß nicht alles sofort klar ist.

Versuchen Sie zudem, auch von der menschlichen Seite einen angenehmen und freundlichen Eindruck zu hinterlassen, ohne sich dabei anzubiedern oder gleich den Wein für die Verbrüderung zu entkorken. Vergessen Sie nie: »You'll never get a second chance to make a first impression!« Ihre ersten Arbeitstage werden Ihr Image in der Bank, wo Sie nun arbeiten, entscheidend prägen. Machen Sie das Beste daraus!

ARBEITSFELD DIENSTLEISTUNG UND BERATUNG

Dienstleister und Berater – darunter verstehen wir in diesem Kapitel alle Berufe, bei denen der direkte Kundenkontakt im Vordergrund steht. Wenn Menschen oder Firmen kein natürliches oder technisches Produkt (wie in Handel und Industrie) verkaufen, sondern ein Dienst oder eine Beratung (auf welchem Gebiet auch immer) angeboten werden soll: Ein Beispiel ist der Beruf des Versicherungsvertreters – zum Beispiel »Herr Kaiser von der Hamburg-Mannheimer«; ein anderes wäre eine Unternehmensberatung – wie etwa McKinsey & Company. Weitergehen könnte es mit der Telefonauskunft, dem PR-Texter, dem Schreibbüro. Neu: Die Begleitagentur oder die Zuschauer- bzw. Leserbriefredaktion eines Mediums. Und, und, und …

Sie sehen: Es gibt sehr verschiedene Arten von Dienstleistern und Beratern. Dennoch läßt sich einiges zusammenfassend feststellen, was die Bewerbungsstrategie in diesen Berufen angeht – denn wenn auch das Umfeld und Image der Jobs sehr unterschiedlich sind, so gibt es doch im Kern jede Menge Übereinstimmungen. Denn eines ist klar: Ohne Freundlichkeit, Menschenkenntnis und möglichst ansprechendes Äußeres (bzw. Stimme oder das, was man »guten Ton« nennt) läuft hier wenig. Sorry – sollte eigentlich wenig laufen. Denn natürlich gibt es immer noch jede Menge sonderbare Gestalten in dem Geschäft – vor allem im Bereich Versicherungen. Doch glauben Sie mir: Keine Versicherung ist glücklich über schmierige Mitarbeiter. Und es werden auch immer weniger,

weil heutzutage auch Hochschulabsolventen in diese Jobs gehen, um nicht auf der Straße zu stehen – und damit den Beruf, Versicherungen und Geldanlagen zu verkaufen, ein bißchen aufpolieren. Versicherungsberater oder -makler heißt es heute – und im Grunde wünscht sich jede Versicherung (nicht nur die Hamburg-Mannheimer), ihre Mitarbeiter wären alle so sympathisch wie »Herr Kaiser«. Denn wer etwas verkaufen will (vor allem, wenn es sich um eine Dienstleistung handelt), muß positiv auf die Leute wirken – andere Berufsgruppen, wie zum Beispiel die Unternehmensberater, haben das schon längst kapiert und machen den perfekten Auftritt zur Grundlage ihrer Existenz.
In der Tat: Diese Leute leben ausschließlich von ihrem eigenen Auftreten – und davon, daß sie anderen erzählen, wie sie auftreten sollen. Der Rest ist vielleicht nicht Nebensache, aber verblaßt ein wenig. Als Dienstleister muß man sich dieser Tatsache bewußt sein und sich fragen: Kann ich das? Habe ich die obengenannten Fähigkeiten und Wesensart, und möchte ich einen Beruf darauf aufbauen? Wenn ja, dann ist man richtig in diesem Geschäft – wer dagegen erst mühsam »freundlichen Umgang mit anderen Menschen« lernen muß, sollte darauf verzichten, in diesem Metier tätig zu werden.

Branchenthermometer Dienstleistung und Beratung

kochendheiß	100 Grad
sehr heiß	80 Grad
heiß	60 Grad
wohltemperiert	40 Grad
frisch	20 Grad
unterkühlt	0 Grad
eiskalt	–20 Grad

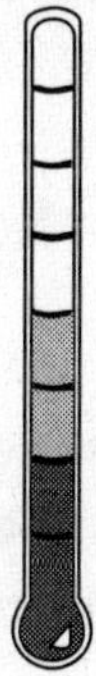

Arbeitsklima bei Dienstleistern und Beratern

Die Vielfalt der Berufe in diesem Bereich bringt es mit sich, daß das Branchenklima nicht immer gleich ist. Ein Angestellter bei einer renommierten Unternehmensberatung ist einem ähnlichen »Arbeitsfeeling« ausgesetzt wie ein Bankangestellter – hier weht ein frischer bis unterkühlter Wind. Seriosität ist alles – Gefühle darf man sich nicht erlauben, wenn man Unternehmen erfolgreich sanieren will und dabei viele Leute auf die Straße setzt. »Wir sind keine Unmenschen, aber sicher holt man sich uns nicht ins Haus, um soziale und caritative Zwecke zu verfolgen«, sagte einmal ein Mitarbeiter einer angesehenen Unternehmensberatung in einem Fernsehinterview.

Anders ist es bei vielen Selbständigen, die PR-Arbeit, Versicherungen oder andere Leistungen verkaufen: Hier herrscht zumeist kein anderes Klima als in einem normalen Bürojob – manchmal zwar mehr Streß, aber alles in allem doch gemäßigt.

Als Grundregel gilt: Je mehr repräsentiert werden soll, desto höher der Druck auf die Mitarbeiter und desto kühler der Ton, denn Coolness wirkt nach außen hin oft sehr seriös.

Der erste Schritt:

Überlegen Sie, was den Wunschjob charakterisiert und was das für die Bewerbung heißt!

Im Grunde haben wir bereits die wichtigsten charakterlichen Voraussetzungen genannt, die für einen erfolgreichen Berufsweg im Bereich der Dienstleister und Berater vonnöten sind: gute Umgangsformen, Ausdauer in Sachen Geduld und Freundlichkeit, ein ansprechendes Äußeres bzw. Außenwirkung bei Dienstleistern, die per Telefon oder Briefkontakt tätig sind, und – nicht zu vergessen – natürlich auch eine gute Ausbildung. Letzteres verwundert Sie wahrscheinlich etwas, denn es gibt wenige Berufsbereiche, wo dermaßen viele Seiteneinsteiger tätig sind wie im Dienstleistungs- und Beratungssektor.

Wenn Sie in diese Branche wollen, machen Sie sich deshalb bei der Charakterisierung Ihres Wunschjobs klar, welche Eigenschaften und Voraussetzungen Sie unbedingt benötigen, um erfolgreich tätig sein zu können. Zeigen Sie dem Unternehmen, bei dem Sie sich bewerben, daß Sie sich Gedanken gemacht haben und daß Sie wissen, worauf es in dem Job ankommt. Das kriegen Sie am besten hin, wenn Sie sich bei Ihrer Bewerbung genügend Zeit nehmen und keine Schnellschüsse fabrizieren – konzipieren Sie eine Kampagne für sich selbst! Das wird Ihre Erfolgsaussichten entscheidend erhöhen.

Die Kampagne für sich selbst

Setzen Sie sich hin und analysieren den Job, um den Sie sich bewerben wollen: Welche Voraussetzungen werden verlangt? Welche Ausbildungen? Wieviel Berufserfahrung? Welche menschlichen Fähigkeiten in bezug auf Kundenkontakt? Im zweiten Schritt: Was bringe ich davon mit? Kann ich alle Anforderungen erfüllen – oder sogar mehr vorweisen? Habe ich womöglich andere Fähig- und Fertigkeiten, die fehlende Anforderungen ausgleichen können? Ein solches Anforderungsprofil können Sie sehr gut anhand der Stellenanzeige aufstellen, auf die Sie antworten wollen, und auf diese Weise herausfinden, ob Sie überhaupt für den Job geeignet wären:

Stellenanzeige	**mein Profil**
Versicherungskaufmann/-frau gesucht	schließe demnächst die Ausbildung ab
einige Jahre Berufserfahrung	Berufserfahrung im Rahmen der Ausbildung
Alter: Mitte Zwanzig bis Mitte Dreißig	23 Jahre
zeitliche und örtliche Flexibilität,	habe ein Auto, kann meine Zeit

da Außendiensttätigkeit	frei einteilen
Kenntnisse gängiger Computerprogramme (Windows 95/Word 7.0)	ich arbeite mit dem Programm

Wenn Sie diese Fragen für sich geklärt und Übereinstimmungen sowie vielleicht Abweichungen (kleine Abweichungen, etwa im Alter oder bei Computerkenntnissen etc., sind okay – grundlegende wie z. B. fehlende Ausbildung sind leider Ihr »Aus«) gefunden haben, können Sie zu einem Brainstorming für Ihre eigene Bewerbungskampagne übergehen: Nehmen Sie einen Block und schreiben Sie alles auf, was Ihnen und dem Wunscharbeitgeber beweist, daß Sie genau die richtige Besetzung für die offerierte Stelle sind!
Überlegen Sie sich eine Kampagne, bei der alles zusammenpaßt: Die Inhalte Ihrer Bewerbung müssen überzeugen, und die Form, also Aufmachung, Papierwahl und so weiter, ebenfalls. Nur so bekommen Sie eine Chance, zu einem Vorstellungsgespräch eingeladen zu werden. Schicken Sie lieber zehn gute Bewerbungen auf den Weg, als hundert von der Stange – denn mit Massenbemusterungen sind heute selbst im Versicherungsbereich, wo man immer dringend Leute sucht, nur schwer Erfolge zu erringen. Und wenn Sie doch Glück hätten, überlegen Sie sich mal, was das für ein Job sein wird: Wenn die Leute Sie mit Kußhand nehmen, obwohl Ihre Bewerbung eigentlich nicht für Sie spricht, dann müssen sie es schon nötig haben, was ja nicht gerade für diesen Arbeitgeber spricht. Sie bekommen immer den Arbeitgeber, den Sie (sich) verdienen – mit Ihrer Bewerbung (und natürlich Ihrem Know-how für den Job)!
Besorgen Sie sich für Ihre Kampagne Informationen über das

Unternehmen Ihrer Wahl (z. B. über das Firmensekretariat, über Fachverbände oder über die Aufmachung und Inhalte der Stellenanzeige), so daß Sie schon etwas über die Philosophie der Firma wissen. Das können Sie dann für die inhaltliche und optische Aufmachung Ihrer Bewerbung verwenden. Nur mit einer Bewerbung, die auf der Linie des Unternehmens liegt, kommen Sie ans Ziel und zeigen »denen«, daß Sie zusammenpassen! Ob Sie zusammenpassen, können Sie sehr gut anhand eines Schemas herausfinden, das Sie für sich und Ihr Wunschunternehmen aufstellen sollten. (s. S. 144).

Sie schätzen McKinsey also als konservatives Unternehmen ein, zudem als recht großes in seiner Branche (Sie wissen, daß es sich um eine international operierende Firma handelt), und Sie wissen, daß Mobilität erforderlich sein wird, um bei dieser Firma zu arbeiten. Der Name hat weltweit einen guten Klang – die Karrieremöglichkeiten sehen Sie dementsprechend positiv. Aber was wollen Sie eigentlich? Um das herauszufinden, machen Sie das gleiche nun für sich selbst.

Der Vergleich

Sie sehen sofort: Ihre Selbsteinschätzung stimmt nicht allzugut mit Ihrer Beurteilung des Unternehmens überein – Sie selbst sehen sich als progressiven Typen, wollen gerne in einem kleinen, aber feinen Unternehmen arbeiten und sind nur bedingt mobil, vielleicht weil Sie bereits Familie haben und Ihren alten Wohnort nicht verlassen möchten. Sie sollten ein solches Schema immer ganz ehrlich ausfüllen, auch wenn Sie's in einigen Punkten lieber anders hätten. Beim an-

Meine Einschätzung der Unternehmensberatung McKinsey & Company

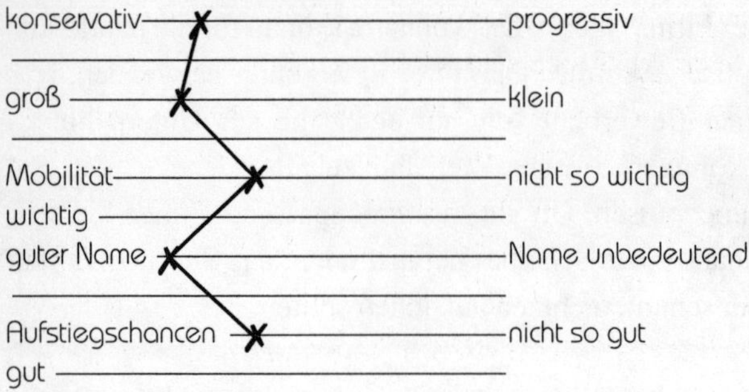

So sehe ich mich und meine Vorstellungen

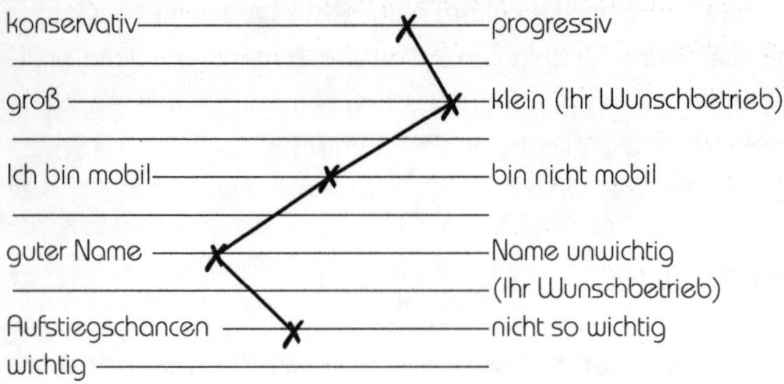

schließenden Vergleich können Sie ja immer noch überlegen, wie schwer die Punkte wiegen, die nicht übereinstimmen. Vielleicht sind Sie ja doch einer konservativen Unternehmensphilosophie zugänglich – auch wenn Sie sich selbst eher gegenteilig einschätzen. Wenn Sie hingegen aus Ihrem jetzigen Wohnort nicht wegziehen können oder wollen, hilft logischerweise nichts mehr. Die Firma wird wohl kaum zu Ihnen kommen …

Wenn die Grafiken übereinstimmen, überlegen Sie sich eine maßgeschneiderte Vorstellung, die Ihre Fähigkeiten mit den speziellen Anforderungen der Tätigkeit im Wunschunternehmen in Bezug setzt und auch speziell auf das Unternehmen eingeht. Ihre vielleicht erste Idee *Eine Bewerbung für alle* – nur mit ausgetauschten Adressen – sollten Sie deshalb ganz schnell vergessen. Das spart nicht Arbeit, sondern macht welche, da Sie völlig ohne Chancen arbeiten, jemals den begehrten Job zu bekommen, und wer arbeitet schon gerne umsonst?
Ihre Bewerbung – Ihre Kampagne – muß jedesmal eine neue sein und jedesmal auf das Unternehmen und die angebotene Tätigkeit eingehen. Das sollte Ihnen Ihr Traumjob wert sein!
Wenn also eine Unternehmensberatung einen Hochschulabsolventen als neuen Mitarbeiter oder Trainee sucht, schreiben Sie denen bitte nicht auf Butterbrotpapier, sondern beweisen Sie Stil: ein Unternehmensberater will Unternehmenskultur verkaufen. Unternehmens- und Personalberater sind in aller Regel enorm gut gekleidet, haben perfekte Umgangsformen, und stellen sich den Unternehmen, die sie beraten, als Alleswisser vor – und können das auch noch klasse begründen!
Was hier ein wenig überzeichnet dargestellt ist, bedeutet für Ihre Bewerbung: Zeigen Sie, daß Sie ähnliche Qualitäten

vorweisen können – denn gleich und gleich gesellt sich gern (das mit der Alleswisserei sparen Sie sich aber bitte für Ihre spätere Berufstätigkeit auf und deuten es in Ihrer Bewerbung lieber nur an – geschicktes Understatement ist die beste Form, sich in die Herzen der Personalchefs zu »bewerben«)!

Erste Kontaktaufnahme:

Schriftlich, telefonisch oder persönlich?

Grundsätzlich gilt: Die Kontaktaufnahme – gleichgültig, ob als Initiativbewerbung oder auf eine Stellenanzeige hin – läuft in der Regel schriftlich. Allerdings gibt es Ausnahmen: wenn etwa in der Anzeige ausdrücklich steht, daß vorab telefonische Informationen über die Stelle eingeholt werden können. Nutzen Sie dieses Angebot aber nur, wenn Sie glauben, daß Sie sich am Telefon gut verkaufen können. »You'll never get a second chance to make a first impression« – wenn Sie also unüberlegt »einfach mal so« in dem Unternehmen anrufen und erwarten, daß Sie nur zuzuhören brauchen, was Ihr Gesprächspartner Ihnen über die neue Stelle ins Ohr flüstert, können Sie ziemlich ins Strudeln geraten. Weil Sie sich noch nicht überlegt haben, wie Sie eigentlich auftreten wollen, was Sie bieten können und so weiter – Ihre Präsentationsmöglichkeiten in einem spontanen Telefongespräch sind weitaus geringer und schwächer einzustufen als die einer sorgfältig ausgearbeiteten, schriftlichen Bewerbung.
Verlassen Sie sich deshalb – wenn Sie nicht gerade das abso-

lute Kommunikationsgenie sind und vorher drei Jahre lang im Telefon-Marketing gearbeitet haben – lieber auf die Wirkung Ihrer schriftlichen Vorstellung! Persönlich vorbeibringen sollten Sie Ihre Unterlagen ebenfalls besser nicht – auch wenn Ihr Wunscharbeitgeber direkt um die Ecke zu finden ist. Denn nicht immer hat jemand Zeit für Sie, und um so eher würde man sich vielleicht gar von Ihnen belästigt fühlen – was keine gute Startposition für Ihre Bewerbung verspräche! Eine andere Möglichkeit ist noch ein erster Kontakt über E-Mail – das kann bei aufgeschlossenen Unternehmen schon mal gut ankommen, da man sieht, daß der Bewerber oder die Bewerberin auf der Höhe der momentanen Technik ist. Doch bis jetzt läuft verhältnismäßig wenig über diese Kommunikationsform.

Noch einmal zurück zur telefonischen Kontaktaufnahme bei Initiativbewerbungen: Um vorher anzufragen, ob es überhaupt Sinn macht, eine Bewerbung loszuschicken, oder ob sowieso zur Zeit keine neuen Mitarbeiter eingestellt werden, könnte man ruhig mal anrufen, oder? Ehrlich gesagt: Man kann – ich würde es allerdings nicht tun. Denn da wird am anderen Ende schnell »nein« gesagt, weil gerade kein Bedarf besteht – womit die Sache für Sie erledigt wäre. Wenn Sie allerdings eine schriftliche Bewerbung schicken, die sehr gut ankommt, wird man Sie vielleicht trotzdem ins Gespräch bringen, auch wenn eigentlich niemand eingestellt werden sollte. Oder aber – das ist die wahrscheinlichere Variante –, man wird Ihre Unterlagen zunächst dabehalten, weil ja womöglich in zwei Monaten tatsächlich wieder Bedarf besteht. In jedem Fall hätte sich Ihre Bewerbung gelohnt. Doch nun zum wichtigsten Part Ihrer schriftlichen Bewerbungs-Performance: dem Anschreiben.

Formales Muster eines Anschreibens

Thomas von Aquin
Weisheitsstr. 154
10717 Berlin
Tel. & Fax: …

Hamburger Versicherung
Personalabteilung
z. H. Herrn/Frau …
Gagastr. 23
20135 Hamburg

Berlin, 3. Februar 1997

Bewerbung als …
Ihre Anzeige in der … vom …

Sehr geehrte/r Frau/Herr XY,
(falls unbek.: Sehr geehrte Damen und Herren)

. . . .
. . . .
. . . .
. . . .

Mit freundlichen Grüßen
(handschriftliche Unterschrift)

Anlagen: Lebenslauf, Foto, Zeugniskopien
(u. a. gegebenenfalls)

Das Anschreiben:

Ihr Schlüssel zum Bewerbungserfolg

Das Anschreiben ist die Visitenkarte Ihrer Bewerbung – es sagt viel aus, mehr als Sie denken vielleicht: Ob jemand ein korrekter Typ ist oder ein Schlamper, ob man ernsthaft an der Stelle interessiert ist oder nur eine schnelle Möglichkeit zum Broterwerb sucht, und so weiter. Werfen Sie nur einmal selbst einen Blick in eine fremde Bewerbung, und Sie werden ganz schnell feststellen, daß diese Behauptung nicht aus der Luft gegriffen ist, denn auch Sie werden merken, wie schnell sich beim Lesen und sogar schon beim reinen Anblick des Schriftstücks ein Bild über den Bewerber oder die Bewerberin in Ihrem Kopf formt! Ihr Anschreiben muß deshalb inhaltlich gut und formal fehlerfrei sein, um Erfolg haben zu können.
Zu den Inhalten kommen wir später – hier zunächst die Formalitäten: Verwenden Sie gutes 80- oder 90-Gramm-Papier. Wenn man sich bei einer Unternehmensberatung bewirbt, darf's auch schon mal eines mit Wasserzeichen sein. Bitte keine handschriftlichen Bewerbungen, oder welche, die mit einer schlechten Schreibmaschine oder einem 9-Nadeldrucker erstellt werden – heutzutage steht fast in jedem Haushalt ein Computer mit gutem Drucker. Ansonsten lassen Sie sich Ihre Bewerbungen von einem Schreibbüro schön abtippen, das ist zwar aufwendig, bringt aber auch was! Daß Rechtschreib-, Komma- und Grammatikfehler Ihr sofortiges »Aus« sind, wissen Sie sicher selbst – genauso wie mit Tipp-Ex behandelte Fehler. Schreiben Sie's in einem solchen Fall einfach noch mal neu. Was Grußformeln wie »Hochachtungsvoll«

oder altmodisch-devote Anreden wie zum Beispiel »Überaus verehrte/r …« oder ähnliches angeht: Solche Formulierungen sind total überholt und gehören nicht in eine Bewerbung. Ihre Sprache sollte der Zeit entsprechen – ohne allzu flapsig oder über Gebühr locker zu erscheinen. Aber eben zeitgemäß freundlich. Ansonsten halten Sie sich bei der Briefform ungefähr an das Muster auf Seite 148.

Dies hier nur als Grundraster eines Briefs – hat ja bestimmt jeder schon mal gesehen … (und ist eigentlich auch nur für Berufseinsteiger gedacht, die frisch von der Schule kommen und außer Liebesbriefen und Weihnachtsgrußkarten noch keine amtliche Post verschickt haben). Inhaltlich halten Sie sich nun einfach an das, was Sie sich im Rahmen Ihrer Bewerbungskampagne ausgedacht haben:

Beispiel:
Bei einer Bewerbung im Bereich Unternehmensberatung könnten Sie vielleicht so anfangen:

»Sehr geehrter Herr XY,
just in time, hier meine Bewerbung für die ausgeschriebene Trainee-Stelle. Kurz zu mir: Ich bin 28 Jahre alt und werde im nächsten Monat mein Studium als Diplom-Volkswirt an der Universität Köln beenden. Danach würde ich gerne für McQueen & Co. arbeiten: Als jemand, der etwas weiß von Bauwirtschaft (Diplomarbeit über Bauwirtschaft und -management in Deutschland), bin ich vielleicht der Richtige für Sie. Ich denke da besonders an den Bereich »Beratungskonzepte für Immobilienfirmen«, der in Ihrem Unternehmen ja eine starke Bedeutung besitzt …«

Bei einer Bewerbung als Versicherungsmakler im Außendienst könnten Sie wie folgt argumentieren:

»Sehr geehrte Frau XY,
wenn Sie noch auf der Suche nach einem Außendienstmitarbeiter sind, der Regen und Wind genausowenig fürchtet wie die Kundenberatung vor Ort, bin ich vielleicht der Richtige für Sie: Mit meinen 24 Jahren habe ich bereits eine Ausbildung zum Versicherungskaufmann bei der Hamburg-Mannheimer absolviert und danach auch im Außendienst gearbeitet. Dabei konnte ich jede Menge Erfahrungen im seriösen Umgang mit Kunden sammeln – Erfahrungen, die ich nun gerne in eine gemeinsame Arbeit mit Ihnen einbringen würde …«

Wichtig ist: Sie müssen den Leser oder die Leserin gleich im ersten Teil Ihrer Bewerbung in den Text hineinziehen, das gelingt am besten, indem Sie so interessant wie möglich schreiben. Außerdem sollten Sie in diesen ersten Teil (Satz 1–5) eine Kurzvorstellung von sich einbauen: Alter, was Sie gemacht haben und so weiter. Auf diese Weise erhält der Leser oder die Leserin gleich ein ziemlich konkretes Bild von Ihnen, was immer ein Vorteil ist gegenüber schwammigen Bewerbungen.

Nochmals zum Ton Ihrer Bewerbung: Schreiben Sie so interessant und trotzdem seriös, wie es Ihnen nur irgend möglich ist – denn es muß Spaß machen, Ihre Bewerbung zu lesen (ein Personalchef liest täglich einen ganzen Stapel – da fallen natürlich die interessant geschriebenen weit mehr auf …), und trotzdem Ernsthaftigkeit Ihrer Person und Ihres

Anliegens ausstrahlen. Als Dienstleister im Beratungssektor wird von Ihnen verlangt, daß Sie den guten Ton beherrschen – schließlich wollen Sie mit Kunden umgehen, und da ist das natürlich von höchster Bedeutung.
Bedenken Sie dabei bitte, daß Sie nicht allzuviel Raum zur Verfügung haben: ein Anschreiben sollte nicht länger als ein bis anderthalb (höchstens zwei) Seiten sein. Geraten Sie also nicht ins Schwafeln, sondern konzentrieren Sie sich auf die Punkte Ihrer Kampagne, die Sie für besonders wichtig halten. Bringen Sie kurz zum Ausdruck, was Sie bisher gemacht haben und was Sie gerne für die Firma leisten möchten. Was Sie mitbringen an Fähig- und Fertigkeiten – und daß Sie mit hundert Prozent Engagement und Begeisterung an die Tätigkeit herangehen möchten.

Wichtig ist: daß aus Ihrem Anschreiben in wenigen Sätzen ganz klar hervorgeht, daß Sie großes Interesse an speziell diesem Unternehmen haben, und Ihre Fähigkeiten und Kenntnisse genau den Anforderungen der angestrebten Tätigkeit entsprechen – was durch die Kurzdarstellung Ihres bisherigen Bildungs- und Berufsweges noch untermauert wird.
Zeigen Sie mit Schreibstil, Inhalt und Aufmachung, daß Sie mit Worten überzeugen können – und freundlich und sympathisch wirken, denn das ist eine der wichtigsten Voraussetzungen, um beratend tätig sein zu können. Wenn Sie Ihr Schreiben nach dem ersten Versuch mal ganz ehrlich Satz für Satz durchgehen, werden Sie wahrscheinlich feststellen, daß noch die eine oder andere inhaltsleere Floskel wie »würde ich mich freuen, die Arbeitsprozesse in Ihrem Unternehmen mitzugestalten« drin ist. Überlegen Sie sich dafür eine bessere Lösung – zum Beispiel: »… würde ich

mich freuen, wenn ich als Kontakter Ihre (potentiellen) Kunden telefonisch und auch in persönlichen Besuchen vor Ort betreuen und für Ihr neues Versicherungs-Package begeistern dürfte.«

Versuchen Sie in allem, was Sie schreiben, so konkret wie möglich zu sein, denn das zeigt echtes Interesse an der angebotenen Tätigkeit und am Unternehmen und beweist, daß Sie keine Bewerbung von der Stange geschickt haben, wo vielleicht noch nicht einmal der gewünschte Job bezeichnet ist, sondern nur allgemeines Interesse geheuchelt wird, das ähnlich wie ein Horoskop einfach zu allem paßt! Ihre Bewerbung muß sich von solchen Machwerken positiv abheben. Nur so verschaffen Sie sich eine real-gute Ausgangsposition im Rennen um die begehrte Einladung zu einem Vorstellungsgespräch bzw. Bewerbungstest. Und da wollen Sie doch hin, oder?

Setzen Sie also das, was Sie sich in Ihrer Bewerbungskampagne überlegt haben, konsequent in Ihrem Anschreiben um – denn nur hier ist Platz dafür, egal, ob das nun optische Aufmachung oder bestimmte Inhalte betrifft.

Der Lebenslauf:

In Prägnanz und Kürze liegt die Würze

Die Zeiten, als Lebensläufe noch ausführlich in ganzen Sätzen, quasi als »Lebensgeschichte« verlangt wurden, zudem noch handschriftlich verfaßt, gehören der Vergangenheit an. Heute verfährt man anders: Übersichtlichkeit ist angesagt und deshalb tabellarische Lebensläufe. Auf ein bis anderthalb Seiten muß klar, nach Stichpunkten gegliedert, alles aufgeführt sein, was nötig ist, um sich ein einigermaßen scharfes Bild von dem Bewerber oder der Bewerberin machen zu können. Oben rechts auf der (ersten) Seite klebt *immer* ein Foto des Lebenslauf-Hauptdarstellers – andernfalls müßten Sie sich ja auch noch optisch beschreiben ... (1,80 Meter, vollschlank, braune Augen, blondes dauergewelltes Haar, sympathische Ausstrahlung – das würde doch zu sehr nach Kontaktanzeige klingen, nicht wahr?).

Lassen Sie bitte alles aus Ihrem Lebenslauf raus, was Ihre privaten Vorlieben und Hobbys angeht – auch Mitgliedschaften in Sportvereinen oder erste Erfolge als Laienschauspieler haben hier nichts zu suchen. Auf die Namen der Eltern und deren Berufe sollten Sie verzichten. Ihren eigenen Geburtsort können, müssen Sie aber nicht hinter das Geburtsdatum setzen. Und führen Sie Ihre Schulzeit nicht in Tages- bzw. Monatsangaben auf, sondern anhand von Jahreszahlen (Sie ersparen sich damit eine Menge Nachblätterei – und Ihrem Leser Informationen, die ihm rein gar nichts bringen).

Entscheidend ist, daß die wichtigsten und höchsten Abschlüsse, die Sie erreicht haben, genau dokumentiert und hervorgehoben sind, denn nur sie zählen letztendlich für den Personalberater (im Gegensatz zu Ihren Grundschulnoten. Sollten Sie damals noch gedacht haben, die Vier in Mathe in der dritten Klasse würde Ihnen die Karriere ein für allemal versauen, seien Sie getröstet: Es liegt in Ihren Händen, ob jemand davon erfährt.). Ihren tabellarischen Lebenslauf packen Sie bitte in folgende Form (oder ähnlich):

Muster eines tabellarischen Lebenslaufs

Lebenslauf	***Foto** (eingeklebt)*
Name:	*Thomas von Aquin*
Wohnort:	*Weisheitsstr. 154, 10717 Berlin* *Tel. & Fax: …*
geboren:	*30. 9. 1970*
Familienstand:	*ledig*
Schulbildung:	*19.. bis 19..: Grundschule Berlin-Moabit* *19.. bis 19..: Realschule Berlin-Zehlendorf* *19.. bis 19..: Abendgymnasium, verlassen mit Fachhochschulreife 19..*
Wehrdienst:	*Muß in Berlin nicht abgeleistet werden*
Berufsausbildung:	*19..: zweijährige Ausbildung zum »Versicherungsfachwirt«*
Sonstiges:	*Regelmäßige Beiträge für die Fachzeitschrift: »Das Versicherungsgewerbe«* *Gute Computerkenntnisse (Windows, Mac)*

Berlin, 3. Februar 1997
(handschriftliche Unterschrift)

Wichtig ist, daß Sie das Dokument – genau wie Ihr Anschreiben – handschriftlich unterschreiben. Und auch das Datum des Tages ist von Bedeutung, beweist es doch, daß der Lebenslauf aktuell für diese vorliegende Bewerbung erstellt bzw. zumindest ausgedruckt wurde. Das Foto dürfen Sie auf keinen Fall vergessen! Kleben Sie es rechts oben in die Ecke – kleben ist besser als anheften, da es ansonsten verlorengehen könnte.
Nichtsdestotrotz schreiben Sie ruhig noch mal Ihren Namen auf die Fotorückseite – mit einem weichen Bleistift, der auf der Vorderseite keine Spuren hinterläßt. So kann das Foto jederzeit wieder zugeordnet werden, falls es doch einmal abfallen sollte.
Was Sie sonst noch zum Thema Foto beachten müssen, dazu mehr im folgenden Kapitel.

Das Foto:

Geben Sie ein gutes Bild ab!

Nun also zu den Äußerlichkeiten: Von Dienstleistern und Beratern wird ein angenehmes Äußeres erwartet, da sie ja in aller Regel im direkten Kundenverkehr tätig sind.
Das heißt für Ihr Foto: 1. Schauen Sie freundlich aus der Wäsche. 2. Tragen Sie ordentliche Klamotten. 3. Ziehen Sie Ihr Bild nicht aus dem Paßbildautomaten am Bahnhof, sondern investieren Sie lieber ein paar Mark in einen guten Fotografen. Noch mal in Ruhe: Das Foto hat den Zweck, sich

ein Bild von Ihnen machen zu können – denn die Optik ist bei aller Fachqualifikation noch immer ein entscheidender Bewerbungsfaktor. Besonders im Dienstleistungs- und Beratungsgewerbe. Zeigen Sie also mit Ihrem Foto, wie sympathisch Sie sind, und gleichzeitig, wie seriös. Ihre Wirkung auf den Betrachter hängt hauptsächlich von den drei oben genannten Koordinaten ab: Ihrem Gesichtsausdruck, Ihrer Oberkörperbekleidung und von der Qualität der Aufnahme bzw. des Bilds schlechthin. Versuchen Sie, in allen drei Punkten eine gute Figur zu machen! Wenn Sie also feststellen, daß Sie auf dem fertigen Bild »irgendwie doof« gucken, lassen Sie lieber ein neues machen, denn wenn Sie sich selbst doof finden, wie sollen dann andere positiv über Sie urteilen?
Ihre Kleidung sollte möglichst wenig auffällig sein – keine bunten Hawaii-Hemden bitte und auch keine Kostüme, die einen allzutiefen Einblick gewähren. Ziehen Sie sich so an, wie Sie später im Arbeitsalltag auch auftreten wollen (bzw. müssen). Männer sollten ruhig eine Krawatte tragen – zwar ist sie heutzutage nicht immer und überall mehr angesagt, aber es gibt doch noch einige Unternehmen, wo sie obligatorisch ist (achten Sie bitte auf eine geschmackvolle Krawatte – denken Sie dabei an *Krawatte*, bitte nicht an *Schlips*!).

Für ein gutes Portraitfoto müssen Sie beim Fotografen (suchen Sie sich einen guten aus!) schon mal ein paar Mark (ab hundert Mark aufwärts) mehr hinlegen. Tun Sie das ruhig, denn es macht sich garantiert durch Ihren Bewerbungserfolg bezahlt! Die Frage: »Schwarzweiß oder Farbe?« ist reine Geschmackssache, solange die Bildqualität stimmt. Das gilt für Personalchefs, Fotografen und Sie selbst – jeder bevorzugt etwas anderes. Machen Sie es deshalb so, wie es Ihnen am

besten gefällt! Die Größe eines Bewerbungsfotos sollte auf keinen Fall 10 × 15 Zentimeter überschreiten, üblich ist auch normales Paßbildformat, zumal es sich gut in den Lebenslauf integrieren läßt. Das indes soll Sie nicht davon abhalten, ein größeres Portrait zu schicken, sofern Sie ein gutes und für die Sache geeignetes (um Himmels willen keine Privatfotos!) Foto haben und glauben, daß Sie in der größeren Darstellung einen besseren Eindruck machen als im Kleinformat!
Das Foto wird oben in die rechte Ecke des Lebenslaufs geklebt oder, wenn zu groß, dort mit einer Heftklammer befestigt. Schreiben Sie in letzterem Fall, wie bereits empfohlen, unbedingt Ihren Namen mit einem weichen Bleistift hinten auf das Bild, damit man es wieder zuordnen kann, falls das Foto sich mal selbständig gemacht haben sollte! Und falls Sie sich wieder einmal bewerben, denken Sie daran, keine allzu veralteten Fotos zu verwenden – nach zwölf Monaten sollten Sie besser ein neues verwenden, schließlich soll man Sie ja wiedererkennen können!

Zeugnisse und andere Nachweise

Nachdem Sie nun alles getan haben, um Ihren Wunscharbeitgeber von Ihren persönlichen und fachlichen Qualitäten zu überzeugen, heißt es nun, Farbe zu bekennen: Zeugnisse und Arbeitsnachweise sind das Gerüst jeder Bewerbung – Ihr Anschreiben ist der (wichtige) Schmuck: Bitte legen Sie nur Kopien bei, niemals Originale (man weiß ja nie, an was für ein

Unternehmen man gerät, und ob man die Unterlagen jemals wiedersehen wird – allein der Postweg birgt schon ein ziemliches Risiko in sich)!
Was es so an Zeugnissen gibt: Schul- und Studienzeugnisse, Arbeitszeugnisse, Ausbildungs- und Praktikumsbescheinigungen, Fremdsprachen-, Computer- und Schreibmaschinennachweise, Weiterbildungszertifikate, Bestätigungen über Auslandsaufenthalte und so weiter. Für Ihre Bewerbung kann das alles von Bedeutung sein – muß es aber nicht. Wenn Sie also ein branchenfremdes Fach studiert haben, kann es sinnvoll sein, das zu erwähnen, es kann aber auch weniger gut ankommen: Einige Semester Jura zum Beispiel für jemanden, der anschließend BWL studiert hat und sich nunmehr bei einer Unternehmensberatung bewirbt, sind sicher nicht verkehrt und stellen eine kleine Zusatzqualifikation dar. Hatte der Bewerber allerdings zuvor Biologie studiert, sollte er besser auf die Angabe verzichten, denn vom Biologiestudium aus führt eigentlich kein Weg zum Unternehmensberater. Und mit Ihren Zeugnissen sollen und wollen Sie ja nur eines nachweisen: Daß Sie speziell für diesen Job im Beratungsgewerbe ausgebildet und befähigt sind – und schon immer dorthin wollten. Das geht nur, wenn aus den beiliegenden Zeugnissen und Nachweisen eine gewisse Stringenz und Kontinuität hervorgeht.
Ordnen Sie Ihre Zeugnisse bitte nach Wichtigkeit und chronologisch. Die oft empfohlene, rein chronologische Ordnung ist nicht sinnvoll, denn dabei liegen häufig weniger wichtige Weiterbildungszeugnisse obenauf, während vielleicht die Basis, zum Beispiel ein grundständiges Studium oder eine ebensolche Ausbildung, erst weiter hinten auftauchen, oder auch ein Arbeitszeugnis, das man bereits in derselben Tätigkeit

erworben hat, während man danach vielleicht fachfremd eingesetzt war.
Vorne und als erstes sichtbar müssen die entscheidenden Unterlagen und Zeugnisse sein – was weniger wichtig ist, kommt (und dann chronologisch geordnet!) nach hinten! Personalchefs und Einstellungsleiter wollen einen möglichst schnellen Überblick über den Bewerber oder die Bewerberin erhalten – je früher also die besonders wichtigen und guten Qualifikationen erscheinen, desto schneller ist ein erster prägnanter Eindruck geschaffen und ein positives Vor-Urteil gefällt!
Legen Sie wenn möglich bitte nur Zeugnisse und Nachweise bei, die ein gutes Bild über Sie abgeben. Natürlich müssen gewisse Zeugnisse einfach dabeiliegen (auch wenn sie schlechter als nötig ausgefallen sind), aber es gibt auch Nachweise, zum Beispiel über Praktika oder ähnliches, auf die Sie verzichten können, wenn die Beurteilung nicht so toll ausgefallen ist. Denn besser ein Nachweis weniger als ein schlechter zuviel! Und lassen Sie Ihr Privatleben außen vor – Urkunden über Ihre Hobbys und ähnliches gehören nicht in eine Bewerbung, genausowenig wie in Ihren Lebenslauf oder Ihr Anschreiben. Privatsachen – das sagt schon das Wort – sind auch Ihr Privatvergnügen und bis auf die Daten im Lebenslauf nicht von Interesse für Ihren potentiellen zukünftigen Arbeitgeber!

Einen Blick sollten Sie aber noch auf Ihre Arbeitszeugnisse werfen, denn nicht immer bedeutet das, was so toll klingt, auch etwas Gutes. Die Personalbranche hat ihre eigene Sprache, und nicht selten kann es sein, daß man Ihnen in einem kleinen Betrieb ein gutes Zeugnis ausstellen wollte und mangels Kenntnis gewisser Floskeln ein schlechtes daraus geworden ist. In einem solchen Fall sollten Sie unbedingt ein neues Zeugnis anfordern! Nur einige Beispiele aus dem reichhaltigen Schatz von Falschheiten:

... hatte Gelegenheit, die ihm übertragenen Aufgaben zu erledigen. Im Klartext: Er hatte zwar Gelegenheit, hat sie aber nicht genutzt. Note 6. Ähnliches gilt für: »*... war immer mit Interesse bei der Sache*« oder »*... seinen Aufgaben widmete er sich mit Begeisterung*« (leider ohne Können!).

... erledigte seine Arbeit ordentlich und ordnungsgemäß. Soll heißen: Tat nur, was er unbedingt mußte.

... zeigte Fachwissen und ein gesundes Selbstvertrauen. Heißt: Hatte wenig Fachwissen, war dafür übersteigert selbstsicher.

... war ein geselliger Mitarbeiter. Feierte gerne während der Arbeitszeit, war Alkohol im Dienst nicht abgeneigt.

Die richtige Verpackung Ihrer Bewerbung

Wenn Sie nun alles beisammen haben, müssen Sie auch noch für eine ordentliche Verpackung und Versendung Sorge tragen – schließlich wollen Sie, daß Ihre Unterlagen genauso adrett auf dem Tisch des Einstellungsleiters landen, wie sie Ihren Schreibtisch verlassen haben. Am besten bündeln Sie die einzelnen Blätter zunächst in einem Hefter – möglichst keiner aus knallrotem Plastik mit Klarsichtschutz vorne für 79 Pfen-

nig, sondern ein guter, am besten von dunkler Farbe und vielleicht aus Pappe.
Natürlich wollen Sie auch nicht überkandidelt wirken, also schicken Sie keinen Hefter, der einen Designpreis an einer Kunstakademie gewinnen würde, sondern nur ein schlicht-elegantes einfaches Modell (das sollte es aber schon sein!). Alternativ können Sie die Blätter auch in eine *feste, seitlich geöffnete* Klarsichthülle stecken – das ist praktisch und wirkt weder aufgesetzt, noch billig, sondern einfach neutral. Stecken Sie das Ganze in einen großen, rückenverstärkten Umschlag, damit Ihre Unterlagen ungeknickt und heil ankommen. Und vergessen Sie bitte nicht, den Umschlag richtig zu frankieren: Wenn ein Unternehmen Strafporto für Sie bezahlen muß, erhöht das Ihre Chancen nicht unbedingt – sofern Sie den Brief nicht sowieso postwendend zurückbekommen!
Schicken Sie die Bewerbung nicht als Einschreiben, weil das auch nicht unbedingt sicherer ist, die Sache aber erheblich kompliziert, falls die Sendung nicht persönlich zustellbar sein sollte – in einem solchen Fall wäre es möglich, daß Ihr Brief einige Tage bei der Post liegt, weil ihn niemand abholt (gilt hauptsächlich für kleinere Firmen). Verlassen Sie sich einfach auf die Post (und Ihr Glück!) – wenn Sie alles richtig verpackt, adressiert (wie auf dem Anschreiben) und frankiert haben, dürfte die Zustellung schon klappen. Und vielleicht erhalten Sie nach zwei oder drei Wochen einen Brief, einen Anruf oder ein Fax mit der Einladung, sich persönlich vorzustellen.

Das Vorstellungsgespräch:

Wie Sie sich optimal darauf vorbereiten und sich richtig verhalten

Mit einer Einladung zum Vorstellungsgespräch (die Sie bitte per Fax oder Telefon freundlich bestätigen) haben Sie zwar schon eine Menge geschafft und viele Bewerber hinter sich gelassen – die richtige Arbeit wartet aber noch auf Sie: die Vorbereitung. Glauben Sie nicht, daß das Vorstellungsgespräch nur noch ein gemütliches Beisammensein ist, um Ihre Gehalts- und Urlaubswünsche zu klären (dieser Rat geht an Bewerbungs-Newcomer!) – nein, hier geht es darum, den Bewerber auf seine tatsächlichen Fähigkeiten abzuklopfen und schließlich aus immer noch mehreren Bewerbern den Geeignetsten herauszusuchen. Also: An die Arbeit!

Zeigen Sie, daß Sie auch »live« das halten, was Ihre schriftliche Bewerbung verspricht! Trainieren Sie sich auf Inhalte, Ausdruck und Optik, damit Sie ein gutes Bild abgeben. Wenn Sie ein Naturtalent sind, können Sie natürlich auch »einfach mal so« zum Gespräch gehen – Ihre Wirkung wird Ihnen dann vielleicht die eine oder andere Tür öffnen. Doch im Normalfall sollte man sich gut auf diese Situation vorbereiten, schließlich hat man nicht jeden Tag ein Vorstellungsgespräch. Wie also sollte man wissen, wie man sich dabei perfekt verhält?

Als angehender Dienstleister und Berater sollten Sie zuvorderst Ihre Ausdrucksfähigkeit und Ihr Auftreten trainieren, denn darauf kommt es in einem solchen Job an. Ihr Fachwissen kann noch so groß sein, wenn die Präsentation nicht stimmt, sind Sie falsch in dem Job. Überlegen Sie sich also, wie Sie auftreten wollen.

Versetzen Sie sich dabei ruhig in die voraussichtliche Gesprächssituation – führen Sie quasi ein Gespräch (laut!) mit sich selbst oder Ihrem Spiegelbild. Zu den oft empfohlenen Gesprächstrainings mit Freunden oder Lebenspartnern würde ich persönlich nicht raten, da in neunzig Prozent der Fälle nur ein spaßiger Abend (was ja auch nicht schlecht sein muß), aber kein ernsthaftes Training daraus wird, weil man sich einfach zu gut kennt.

Ihr Gegenüber im späteren »echten« Vorstellungsgespräch kennen Sie nicht – und darauf sollten Sie sich einstellen: Auf eine etwas unsichere Situation, die sich zum Teil berechnen läßt und in anderen Bereichen wiederum unberechenbar ist: Sie wissen zum Beispiel, daß Sie in ein Büro kommen werden. Jeder weiß so ungefähr, wie es da drin aussieht (nur der *Grad* der Ausstattung ist Ihnen nicht bekannt). Sie werden einem oder mehreren Menschen in Anzügen und Kostümen gegenübersitzen und über sich, die Bewerbung und das Unternehmen reden. Die üblichen Fragen: »Was haben Sie bisher gemacht?« – »Aus Ihrer Bewerbung geht hervor, daß ...« – »Wieso gerade unser Unternehmen?« – »Was wollen Sie verdienen?« und so weiter. Im Grunde können Sie schon viel im voraus klären.

Was Sie nicht wissen: »Was sind das für Menschen, die mich interviewen?« – »Wird es ein nettes Gesprächsklima oder ein hartes Streßinterview?« – »Wie ist das Klima allgemein in dem Betrieb?« Bei Ihrer Vorbereitung kommt es deshalb darauf an, daß Sie sich bestens auf die Situation und Fragen, die Sie schon im voraus erahnen können, einstellen, um daraus die

Sicherheit zu schöpfen, im späteren Gespräch auf die nicht vorhersehbaren Umstände ruhig und besonnen reagieren zu können.

Ihr Auftritt beginnt mit einer guten Garderobe: Je nachdem, ob Sie sich als Azubi bei einer Versicherung oder als Hochschulabsolvent mit Doktortitel bei einer renommierten Unternehmensberatung bewerben, wählen Sie natürlich auch Ihre Kleidung aus – doch ganz so groß, wie die beiden Beispiele vermuten ließen, sollten die optischen Unterschiede zwischen den Bewerbern nicht sein.
Wenn Sie einen Anzug tragen (für Unternehmensberater obligatorisch ebenso wie die Krawatte), dann sollte es ein guter sein – und nicht einer für 199 Mark aus dem Kaufhaus. Für Neueinsteiger ist es in einem solchen Fall weit besser, sich in guter Jeans oder Cordhose plus Hemd und Jackett, oft auch ohne Krawatte geduldet, zu bewerben, als in einem billigen und schmierig wirkenden Anzug. Es gibt zwar Leute, die den Anzug als solchen für ein Gottesgeschenk halten, aber moderne Personalchefs sehen sehr wohl den Unterschied zwischen einem Bewerber, dessen Doc-Martens-Schuhe 199 Mark gekostet haben, und einem, der einen ganzen Anzug inkl. Hemd und Hut (superalbern, wenn Sie unter 35 sind!) für den gleichen Betrag trägt. Kleiden Sie sich bitte altersgemäß: Niemand hat Lust, irgendwelche früh ergrauten Fünfundzwanzigjährigen einzustellen – lieber weniger eitel und trocken, und dafür ein bißchen spontaner und frecher. Wenn Sie so sind, ist das okay (natürlich alles in Maßen)!
Als Frau kann man heutzutage ebenfalls in Jeans und weißer Bluse auftauchen, es muß nicht in jedem Fall ein Kostüm sein.

Das hängt allerdings auch von der Beschaffenheit der Stelle und von dem Unternehmen selbst ab. Versuchen Sie deshalb bereits vor Ihrem Besuch, sich ein zuverlässiges Bild über dieses Unternehmen zu verschaffen. Bei McKinsey & Company z. B. werden Sie um ein ansprechendes Kostüm nicht herumkommen – bei der Leserbriefredaktion einer flippigen Frauenzeitschrift wie »Allegra« oder eines Pop-Radiosenders hingegen wäre die Jeans vielleicht genau richtig.

Wichtig ist: Sie sollen optisch einen sympathischen und möglichst »echten« Eindruck machen. Tragen Sie dunkle, feste Schuhe und keine Slipper oder ähnliche Ungeheuer und, um Himmels willen, keine weißen Socken! Allzu dick aufgetragene Schminke kann ebenfalls von Nachteil sein, weil es etepetete wirkt – im Gegensatz zu gekonnter und harmonischer Gesichtspflege. Das gleiche gilt für penetrantes Parfüm und After-shave – besonders, wenn sie nach dem Kaufhaus oder dem Friseur um die Ecke riechen (da ist der Duft der großen, weiten Parfümwelt dann doch vorzuziehen …).
Was Ihren Ausdruck angeht, versuchen Sie Sicherheit und Freundlichkeit auszustrahlen. Das zeigen Sie mit einem sicheren Händedruck (ich schreibe extra nicht »kräftig«, weil es Leute gibt, die das als Aufruf zur Gewaltanwendung an der Hand ihres Gesprächspartners mißverstehen könnten). Gehen Sie selbstsicher auf Ihre Gesprächspartner zu – schleichen und rennen Sie nicht! Versuchen Sie, ein freundliches, interessiertes Gesicht zu machen – genauso wie Sie das später im Kundendienst tun wollen.

Und dann überzeugen Sie mit den Inhalten und den Gedanken, die Sie sich bereits über sich, das Unternehmen und die offerierte Stelle gemacht haben (zu Hause im stillen Kämmerlein): Was Sie gerne machen würden im Rahmen Ihrer Tätigkeit, und wie wichtig für Sie verschiedene Aspekte des angebotenen Jobs sind, und so weiter. Wenn Sie schon vor dem Gespräch genau wissen und sich zurechtlegen, was Ihnen inhalt lich wichtig ist, werden Sie auch in der Gesprächssituation überzeugen können.
Ein freundliches Gesicht gehört mit in eine solche Unterredung – mürrische Charaktere haben in dem Dienstleistungsbereich nichts verloren (aber so ein Typ sind Sie ja auch nicht, oder?)!

Zum Schluß noch ein paar kleine, aber sehr wichtige Hinweise: Bereiten Sie sich auch körperlich auf Ihr Gespräch vor. Essen Sie vorher ausreichend, damit während der Unterredung nicht Ihr Magen knurrt. Und sorgen Sie dafür, daß Sie nicht mehr aufs Klo müssen, wenn es soweit ist – eine drückende Blase kann einen ganz schön nerven, wenn man sich eigentlich gerade angeregt unterhalten möchte. Auch für den Anfahrtsweg sollten Sie genügend Zeit einplanen. Besser, Sie sind eine halbe Stunde zu früh da, als zehn Minuten zu spät, weil Sie im Stau gesteckt haben oder wo auch immer. Wenn Sie total gestreßt und gehetzt erscheinen, merkt man Ihnen das erstens an, und zweitens werden Sie selbst auch ziemlich flattern und erst mal eine halbe Stunde brauchen, um sich auf das Gespräch wirklich konzentrieren zu können. Das allerdings könnte dann schon vorbei sein …
Die Kleidung, die Sie tragen wollen, legen Sie sich am besten bereits am Tag zuvor zurecht, so brauchen Sie morgens

nicht mehr zu suchen und sind vor unliebsamen Überraschungen gefeit (»Ach du Schande, die Sachen sind ja in der Wäsche!«).

Noch mal zusammengefaßt: Bereiten Sie sich inhaltlich, ausdrucksmäßig und optisch gut auf das Gespräch vor, und achten Sie auch auf Ihre körperlichen Bedürfnisse – dann werden Sie den Termin sicher und mit guter Chance erfolgreich hinter sich bringen!

Einstellungstests und Assessment-Center

Gerade bei größeren, bundesweit oder international agierenden Unternehmen ist das Vorstellungsgespräch oft nur ein Teil Ihrer persönlichen Bewerbungsprozedur. Dazu kommen verschiedene Arten von Tests, mit denen man die Eignung der Bewerber speziell für die angebotene Tätigkeit ermitteln will.

Der umfassendste ist das Assessment-Center. Hier werden die Bewerber in kleinen Gruppen (5 bis 10 Teilnehmer) von mehreren Mitarbeitern des Unternehmens (Personalabteilung/Fachabteilungen) auf verschiedenen Gebieten und unter ziemlichem Streß geprüft: Es werden Diskussionen veranstaltet, Vorträge und Rollenspiele sowie Aufgaben aus dem Arbeitsalltag gestellt, die bearbeitet werden müssen. Ein solches Assessment-Center erstreckt sich zumeist über ein bis drei Tage – eine Zeit, in der die Bewerber permanent unter Druck stehen. Der Vorteil eines solchen Verfahrens liegt für die Unternehmen darin, daß sie die Tests speziell auf ihr Unternehmen zuschneiden können und damit wahrscheinlich auch die geeignetsten Arbeitsplatzkandidaten aus einer großen Anzahl von Bewerbern (die bei Großunternehmen oft fast unüberschaubar ist) herauszufiltern.

Ein simples Bewerbungsgespräch sagt natürlich längst nicht soviel über Fähig- und Fertigkeiten eines Bewerbers aus wie ein solcher Test-Marathon. Allerdings ist der Organisationsaufwand einer solchen Veranstaltung erheblich, so daß nur große Unternehmen auf diese Weise arbeiten können – kleine und mittlere greifen weiterhin lieber auf das Vorstellungsgespräch und kleinere Tests zurück. Das sind dann zum Beispiel schriftliche Einstellungstests, in denen Sie verschiedene Aufgaben – im allgemeinen kurz – behandeln müssen. Außerdem werden Fragen zu Ihrer Person, Ihrem Lebenslauf und weiteren besonderen Fähigkeiten gestellt. Diese Tests sind eigentlich nicht allzu schwierig zu erledigen, und Dutzende von Ratgebern geben zudem Tips zum Thema. Allerdings reichen eine gute Allgemeinbildung und Ihr Fachwissen zum Job auch aus, denn das soll ja mit dem Test abgefragt werden, und nicht, ob Sie alle Testknacker-Veröffentlichungen studiert haben …

Die Zeit des Wartens – und danach

Ob Sie sich freuen können und nach der Anstrengung den Job Ihrer Wahl ergattert haben, erfahren Sie in aller Regel noch nicht am Tag des Vorstellungsgesprächs, sondern erst einige Tage oder sogar Wochen später. Schließlich sind noch andere

Bewerber neben Ihnen im Rennen, die auch noch getestet werden müssen, und außerdem möchten die meisten Personalchefs noch die eine oder andere Nacht über ihre Entscheidung schlafen …

Rufen Sie in der Zeit nicht an, sondern verhalten Sie sich ruhig; man wird Ihnen zu gegebener Zeit mitteilen, was Sache ist. Da Sie ja klugerweise mehrere gut durchdachte Bewerbungen auf den Weg gebracht haben, wird es Ihnen in der Zwischenzeit auch nicht langweilig – bis die Zeit des Wartens vorbei ist. Wenn Sie es geschafft haben: Herzlichen Glückwunsch!

Nun beginnt die Periode der Vorbereitung auf die neue Tätigkeit, schließlich wollen Sie nicht einfach mir nichts dir nichts am ersten Arbeitstag dort auftauchen und keine Ahnung haben! Lassen Sie sich deshalb mitteilen, an was Ihr Vorgänger oder Ihre Vorgängerin gearbeitet hat und welche Projekte Sie bearbeiten, welche Kunden Sie betreuen sollen. Das können Sie in wenigen Sätzen telefonisch erfragen. Sie wollen ja nicht vor der Zeit nerven, sondern nur ein paar kurze Vorabinfos – auf diese Weise können Sie sich zu Hause geistig auf die neue Tätigkeit einstellen und haben es an Ihren ersten Arbeitstagen leichter, an denen Sie nicht rumstehen werden wie ein nicht abgeholtes Kind.

Verschaffen Sie sich einen freundlichen, aber distanzierten Einstand bei den Kollegen – alle brauchen Zeit, um sich ein wenig zu beschnuppern. Schauen Sie Ihren Mitarbeitern ruhig mal über die Schulter und scheuen Sie sich nicht, auch mal zu fragen, wenn Ihnen etwas unklar ist (allerdings nicht bei jeder Kleinigkeit, sonst haben Sie schnell den Ruf der Unselbständigkeit gepachtet). Versuchen Sie, interessiert und nicht altklug zu wirken, und seien Sie bitte nicht immer der erste, der pünktlich zum Feierabend die Abteilung verläßt. Man will von

Ihnen Engagement sehen, und wenn Sie das von Anfang an zeigen, wird sich Ihre berufliche Zukunft sehr schnell positiv entwickeln. Zeigen Sie sich als freundlichen und kompetenten Mitarbeiter – im Verhältnis zu Kunden wie auch Kollegen –, und Sie werden feststellen, daß Sie sich ganz schnell ins Team integrieren!

ARBEITSFELD INDUSTRIE UND HANDEL

Industrie und Handel sind sicher das größte Arbeitsfeld und eröffnen Beschäftigungsmöglichkeiten tausendfacher Art – insbesondere für die kaufmännischen und verwaltungstechnischen Berufe, auf die wir uns in diesem Kapitel schwerpunktmäßig beziehen wollen (Ingenieure, Techniker und Handwerker schauen bitte in das Kapitel: »Arbeitsfeld Handwerk und Technik«).

Für die Bewerbungsstrategie läßt sich viel aus anderen Berufsfeldern übernehmen, wenn auch keine grundsätzlichen Übereinstimmungen festzustellen sind. Während zum Beispiel in Berufsfeldern wie »Werbung« oder »Banken« eine ziemlich einheitliche Idealform der Bewerbung existiert, hängt im großen Bereich Industrie und Handel alles nicht so sehr von der Branche, als vielmehr vom Unternehmen, bei dem man sich bewirbt, ab.

Ein angehender Einzelhandelskaufmann wird sich bei EDEKA ganz anders bewerben als beim CD-Laden um die Ecke oder für die Position bei einer Plattenfirma – ein zukünftiger Mercedes-Benz-Verkaufsleiter anders als jemand, der sich in der Erlebnisgastronomie à la »Pupasch« und Co. verdingen möchte. Hier ist eine konventionelle Vorgehensweise erforderlich – dort eine lockere und unkomplizierte, vielleicht sogar eine witzige Kampagne.

Überlegen Sie sich deshalb ganz genau, was auf Ihr Wunschunternehmen zutrifft und was Ihre Tätigkeit dort charakterisiert.

Branchenthermometer Industrie und Handel

kochendheiß	100 Grad
sehr heiß	80 Grad
heiß	60 Grad
wohltemperiert	40 Grad
frisch	20 Grad
unterkühlt	0 Grad
eiskalt	–20 Grad

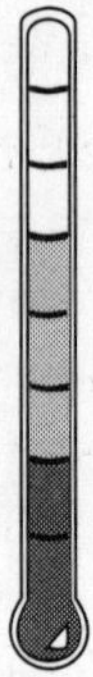

Arbeitsklima in Industrie und Handel

Wie gesagt: »Das« Branchenklima gibt es nicht in Industrie und Handel – dafür ist die Branche zu vielschichtig. Der eine stellt Holzdübel her, der andere verkauft Schallplatten oder Erlebnisgastronomie. Je heißer das Produkt, desto stärker kursiert in den Unternehmen das Gefühl, ein »hipper« Laden zu sein. Das wirkt sich auch auf das allgemeine Arbeitsfeeling aus: Wer Musik, Freizeit, Popkultur und so weiter verkauft, wird immer ein Anlaufpunkt für Leute sein, die es gerne etwas lockerer mögen. Die besagten Holzdübel müssen deshalb nicht langweilig sein, aber die Mitarbeiter eines solchen Betriebs atmen eine andere, viel gemäßigtere Luft. Hier tut jeder seine Arbeit – und zwar ohne große Worte.

Bei Mercedes-Benz oder anderen Großunternehmen hingegen ist die Atmosphäre in puncto Steifheit wiederum eher mit einer Bank zu vergleichen. Konservative Typen können hier ihre Erfüllung finden. Man sieht, in Industrie und Handel gibt es für jeden etwas, egal, ob man auf kühle Eleganz steht oder das Schwitzen vorzieht …

Der erste Schritt:

Überlegen Sie, was den Wunschjob charakterisiert und was das für Ihre Bewerbung heißt!

Wo wollen Sie hin? In die Sanitärbranche oder in die Musikindustrie, in den Groß- oder Einzelhandel, in Vertrieb oder Marketing? Diese kurze Aufzählung einiger grundsätzlicher Möglichkeiten zeigt nur einen minimalen Ausschnitt der unterschiedlichsten Berufsmöglichkeiten – und damit auch Bewerbungsstrategien. Denn natürlich bewirbt ein Kaufmann oder eine Kauffrau sich ganz anders bei einer Plattenfirma als bei einem Speditionsunternehmen.
Sie müssen versuchen, die Philosophie des Unternehmens einzuatmen, bei dem Sie sich bewerben wollen. Das heißt, Sie müssen dem Personalchef oder Einstellungsbeauftragten der Firma XY beweisen, daß Sie verstehen, was den Job, das Unternehmen und zumeist auch die ganze Branche ausmacht.
In der Musikindustrie zum Beispiel ist das eine gewisse Lässigkeit: Hier werden junge, sehr modische Produkte an ebenfalls vornehmlich junge Menschen verkauft – also erwartet man von den Mitarbeitern, daß auch sie noch frisch sind, jugendlich und lässig. Die Steifheit (von wegen Anzug und

Krawatte), die in anderen Bereichen gefordert wird, ist in dieser Branche fehl am Platze. Je nachdem, welchen Job man innehat, ist es angebrachter, sich zum Beispiel im modischen Street-Wear-Look der Kids von heute zu präsentieren (solange man noch nicht scharf auf die Vierzig zugeht).
Anders beim Speditionsunternehmen: Hier erwartet man von Ihnen modische Neutralität – weder zu schick, noch zu peppig; eher bodenständig wie die Leute, mit denen Sie später umgehen müssen.
Eleganz und Chic wiederum sind gefragt, wenn Sie sich bei einer großen Modefirma oder auch bei Unternehmen bewerben, die sich einen vornehmen, häufig internationalen Anstrich geben. All das gilt natürlich nicht nur für die Kleidung, sondern genauso für die Umgangsformen und selbstverständlich auch für die Arbeitsinhalte.

Die Kampagne für sich selbst

Erarbeiten Sie eine Kampagne für sich, die zeigt, daß Sie genau der richtige Mann oder die richtige Frau für die zu besetzende Stelle in dem Unternehmen Ihrer Wahl sind: Sammeln Sie zunächst in einer Art Brainstorming alle Gedanken, die Ihnen zu dem Job, Unternehmen und Branche einfallen – wie zum Beispiel: »seriös«, »etwas altbacken«, »verkaufen Kachelöfen« und so weiter. Schreiben Sie alles, was Ihnen einfällt, auf ein Papier. Auf diese Weise erhalten Sie in kurzer Zeit (10 bis 20 Minuten) einen guten Überblick über das Unternehmen.

Machen Sie das gleiche nun ruhig auch über sich selbst: Was für ein Typ sind Sie? Wie sieht Ihr Ausbildungsprofil aus? Wenn Sie nun die beiden Zettel vergleichen, werden Sie feststellen, ob Sie für das Unternehmen geeignet sind, und natürlich auch, ob das Unternehmen für *Sie* geeignet ist, schließlich wollen Sie sich an Ihrem Arbeitsplatz auch wohl fühlen können. Vielleicht stellen Sie auch zwei Schemata auf.

Der Vergleich

Wenn Sie beide Schemata miteinander vergleichen, können Sie Übereinstimmungen und Abweichungen feststellen. Im vorliegenden Fall würden Sie sehr gut zu dem Unternehmen passen: Sie schätzen sich wie die Musikfirma Sony als progressiv ein und würden ebensogern bei einer kleinen Firma arbeiten wie bei einem international operierenden Konzern, was Sony ja ist.

In puncto Mobilität haben Sie kein Problem – vielleicht wohnen Sie bereits in Frankfurt oder nicht weit davon entfernt oder sind zu einem Umzug jederzeit bereit. Und auch, was den guten Namen des Unternehmens angeht und die Aufstiegsmöglichkeiten, kommen Sie auf einen Nenner. Und das ist gut so, denn »Gleich und gleich gesellt sich gern« – dieser Grundsatz gilt auch im Wirtschaftsleben.

Wenn Sie nun sehen, daß Sie und das Unternehmen möglicherweise ein echtes »Dream-Team« sein könnten, sollten Sie noch genauer auf die Anforderungen der Stellenausschreibung eingehen, auf die Sie sich bewerben möchten.

Meine Einschätzung der Schallplattenfirma Sony, Frankfurt

konservativ — progressiv

groß — klein

Mobilität wichtig — nicht so wichtig

guter Name — Name unbedeutend

Aufstiegschancen gut — nicht so gut

Das gleiche machen Sie nun von sich selbst:

So sehe ich mich und meine Vorstellungen

konservativ — progressiv

groß — klein (Ihr Wunschbetrieb)

Ich bin mobil — bin nicht mobil

guter Name — Name unwichtig (Ihr Wunschbetrieb)

Aufstiegschancen wichtig — nicht so wichtig

Stellenanzeige	**mein Profil**
Junger Industriekaufmann/-frau	bin 26, habe vor zwei Jahren meine Ausbildung zur Industriekauffrau abgeschlossen
musikbegeistert, idealerweise mit ersten Berufserfahrungen im Tonträgergeschäft	mache selbst aktiv Musik und kenne mich aus; allerdings noch keine Berufserfahrung auf dem Musiksektor, bisher Papiergroßhandel
gute bis sehr gute Englischkenntnisse wegen internationaler Verhandlungen	habe Englisch bis zum Abitur mit »gut« belegt
usw.	

Wenn Sie alle Punkte durchgehen und ehrlich beantworten, werden Sie schnell feststellen, ob Sie eine reelle Chance auf die ausgeschriebene Stelle haben. Wichtig sind wieder die Gemeinsamkeiten: Selbst wenn Sie den einen oder anderen Punkt nicht (komplett) erfüllen, können Sie sich bewerben. Sie müssen in Ihrer Bewerbungskampagne nur darauf achten, daß Sie die Punkte, die Sie und das Unternehmen verbinden, stark herausstellen. Daran sollten Sie bei der Vorbereitung Ihrer Bewerbung denken. Diese Verbundenheit bringen Sie um so glaubhafter rüber, indem Sie in Ihrer Bewerbung zeigen, daß Sie das Unternehmen kennen und sich darüber informiert haben (anhand von Unternehmensbroschüren, Fachliteratur oder auch über die Gestaltung der Stellenanzeige, die sehr viel über Umgangston und Außendarstellung des Unternehmens aussagt.

Antworten Sie auf die Anforderungen, die der potentielle Arbeitgeber in der Stellenanzeige an seinen neuen Mitarbeiter stellt, indem Sie Vorschläge und Ideen einbringen – und das bereits in Ihrer Bewerbung. Stellen Sie sich individuell dar und liefern Sie keine graue Standardbewerbung ab, nur so stechen Sie aus dem Einheitsbrei hervor, der sich hundertfach auf den Schreibtischen der Personalmenschen türmt. Schicken Sie lieber nur wenige Bewerbungen, dafür aber mit Klasse, auf den Weg, als jede Menge Massenanschreiben. Jedes Unternehmen wünscht sich Mitarbeiter, die Engagement zeigen: Um das eines Tages zu können, müssen Sie das zunächst einmal mit Ihrer Bewerbung beweisen. Und dafür haben Sie vornehmlich Gelegenheit im Anschreiben – der ersten und wichtigsten Seite Ihrer schriftlichen Vorstellung!
Zunächst jedoch noch einige Zeilen zu Möglichkeiten der Kontaktaufnahme mit Ihrem Wunscharbeitgeber.

Erste Kontaktaufnahme:

Schriftlich, telefonisch oder persönlich?

Die altbewährte Variante ist zugleich auch die angesagteste: Die Rede ist von der schriftlichen Bewerbung. Auch heute, wo viele andere Kommunikationswege bestehen, greift man bei einer Bewerbung noch immer auf den guten alten Brief zurück. Das hat seine Gründe: Im Gegensatz zum Telefon, zum Beispiel, erlaubt er eine zurückhaltendere und dennoch informativere Informationspolitik, eine gute Vorbereitung, eine Darstellung ohne Pannen – und läßt dem Bearbeiter die freie Entscheidung darüber, wann die Bewerbung bearbeitet wird. Im Gegensatz zu E-Mail (das heute nicht selten schon für die erste Kontaktaufnahme genutzt wird und im Einzelfall auch okay ist) ist eine Verschickung von Originaldokumenten möglich. Davon mal abgesehen, kommt auch heute längst nicht bei jedem Unternehmen eine Bewerbung per E-Mail an! Und das persönliche Vorbeibringen wäre bei dieser Vielzahl von Bewerbungen ziemlicher Unsinn, denn wenn das alle machen würden, wäre das Zimmer des Personalchefs ständig so voll wie eine Bahnhofshalle.

Die meisten Personalsachbearbeiter fühlen sich von unaufgeforderten persönlichen Besuchen genervt und auf den Schlips getreten – und reagieren auch schon mal sauer und ablehnend auf solche Bewerbungsstrategien. Natürlich kann es in Einzelfällen, gerade bei kleineren Unternehmen, die nicht mit Bewerbungen zugepflastert werden, auch Pluspunkte bringen, wenn man mal persönlich reinschaut und somit Interesse für den Betrieb zeigt. Doch der Regelfall sieht anders aus: Zunächst soll die Distanz gewahrt bleiben, und zum näheren Beschnuppern wird nur ein Teil der Bewerber zugelassen.

Noch ein Wort zur telefonischen Kontaktaufnahme: Wenn das Unternehmen in der Stellenanzeige eine telefonische Vorabinformation anbietet, nehmen Sie diese Möglichkeit ruhig wahr. Allerdings nur dann, wenn Sie auch wirklich was zu fragen oder zu sagen haben. Einfach nur so mal anzurufen, bringt nichts und kann ganz schnell peinlich werden. Auch hier gilt das Zauberwort: Vorbereitung. Wenn Sie also nicht unbedingt das absolute Kommunikationsgenie sind, sollten

Formales Muster eines Anschreibens

Petra Kaufmann
Lange Str. 45
75698 Kommerzheim
Tel. …

Holzhammer Spedition
Personalabteilung
z. H. Herrn/Frau …
Peterstr. 478
80333 München

Kommerzheim, 26. November 1997

Bewerbung als …
Ihre Anzeige in der … vom …

Sehr geehrte/r Frau/Herr XY,
(falls unbek.: Sehr geehrte Damen und Herren)

. . . .
. . . .
. . . .
. . . .

Mit freundlichen Grüßen
(handschriftliche Unterschrift)

Anlagen: Lebenslauf, Foto, Zeugniskopien
(u. a. gegebenenfalls)

Sie sich lieber in Ruhe Ihrer ersten Kontaktaufnahme in Form einer ausführlichen schriftlichen Bewerbung widmen – Ihre Erfolgsaussichten sind so am besten! Ein entscheidender Punkt dabei ist das Anschreiben.

Das Anschreiben:

Ihr Schlüssel zum Bewerbungserfolg

»Viele Bewerber denken, sie könnten das Anschreiben in zwei Sätzen mit allgemeinen Floskeln abhandeln. Für jedes Unternehmen gleich und immer und überall passend, aber diese Leute haben bei uns schon mit der ersten Seite verspielt!« Diese Aussage eines Mitarbeiters einer großen deutschen Personalberatung bringt es auf den Punkt: Das Anschreiben ist der meistunterschätzte, aber vielleicht wichtigste Bestandteil einer Bewerbung. Man sollte sich deshalb nicht nur an die formalen Regeln halten, sondern auch inhaltlich überzeugen können (gerade letzteres ist besonders wichtig!).

Das Anschreiben ist das erste Schriftstück und damit Beweismittel, das die Arbeitgeberseite über einen Bewerber in die Hände bekommt, aus dem allein hervorgehen kann, ob jemand als Mitarbeiter geeignet ist: von dem fachlichen und persönlichen Eindruck und vom Engagement her. Geben Sie sich deshalb bitte richtig Mühe, auch wenn Sie sonst nicht so gerne erzählen. Hier müssen Sie es, wenn Sie Ihre Chancen wahren wollen! Zunächst einmal sollten Sie allerdings darauf achten, keine formalen Fehler zu begehen: Recht-

schreib-, Grammatik- oder Kommafehler sind Todsünden in einer Bewerbung – genauso wie das Korrigieren mit Tipp-Ex oder anderen Verfahren. Wenn sich ein Fehler eingeschlichen hat, muß die ganze Seite noch mal neu geschrieben werden – und das bitteschön mit Computer (bitte auf guten Ausdruck achten!) oder einer zeitgemäßen elektrischen Schreibmaschine.
Die Zeiten der handschriftlichen Bewerbung sind vorbei – das gleiche gilt für mechanische Schreibmaschinen aus Urgroßvaters Zeiten (die sehen zwar hübsch aus und sind für private Korrespondenz womöglich noch oder wieder angesagt, nicht aber für Geschäftspost). Eine gute Papierqualität ist genauso wichtig wie ein ordentliches, sauberes Schriftbild: Verwenden Sie deshalb nicht ein Papier, in das man Butterbrot einwickeln würde, sondern ein nicht zu billiges 80- oder 90-Gramm-Papier. Formal halten Sie sich am besten in etwa an das Muster eines Briefs auf Seite 182.

Es ist immer gut, wenn Sie den Namen Ihres Ansprechpartners wissen und ihn oder sie direkt ansprechen können – auf diese Weise schaffen Sie gleich ein gewisses Vertrauensverhältnis. Oft steht der Name in der Stellenanzeige. Wenn nicht, dann können Sie ruhig in dem Unternehmen anrufen und im Sekretariat den Namen erfragen. Dabei brauchen Sie gar nicht mal mit der betreffenden Person selbst zu telefonieren (siehe Kapitel »Erste Kontaktaufnahme: Schriftlich, telefonisch oder persönlich?«), sondern müssen sich nur von einem Sekretariats- oder Abteilungsmitarbeiter die gewünschte Auskunft geben lassen. Natürlich reißt Ihnen auch niemand den Kopf ab, wenn Sie das nicht tun, und mit »Sehr geehrte Damen und Herren« in Ihr Anschreiben einsteigen – es wäre nur ein zusätzlicher Pluspunkt, wenn Sie den Namen direkt nennen könnten (insbesondere, wenn die Mitbewerber das nicht tun, weil sie ihn nicht erfragt haben).

Bevor Sie sich nun hinsetzen und wahllos drauflosschreiben, überlegen Sie sich bitte, daß vor Ihnen die schwierige Aufgabe liegt, sich auf knappstem Raum und in wenigen Zeilen so gut wie möglich darzustellen: Denn länger als eine bis höchstens (!) zwei DIN-A4-Seiten darf Ihr Anschreiben nicht sein. Drängen Sie dem Personalsachbearbeiter also keinen Roman auf, sondern stellen Sie kurz und präzise dar, was Sache ist: 1. Wer Sie sind, und was Sie bisher gemacht haben. 2. Was Sie für das Unternehmen tun möchten. 3. Warum Sie und das Unternehmen gut zusammenpassen. Reißen Sie jedes Thema in wenigen Sätzen an, so daß man sich gut ein Bild von Ihnen machen kann. Je mehr echte und passende Informationen die andere Seite von Ihnen erhält, desto größer sind Ihre Chancen, sich gegen die floskelnspulenden Mitbewerber durchzusetzen und einen Vorstellungstermin zu ergattern. Sie müssen sich sehr viel Mühe geben, Ihre Kampagne im Anschreiben klar und deutlich herauszubringen.

Viele Personalchefs beklagen sich, daß die Bewerber immer nur sich selbst darstellen und was für tolle Hechte sie wären – das Unternehmen aber außen vor ließen. Daß sie schreiben, sie möchten diese und jene Stelle, aber nicht, was sie für das Unternehmen tun wollen, was sie selbst einbringen wollen als Gegenleistung für ihr Gehalt. Das »haben wollen« stehe immer weit vor dem »geben wollen«. Doch ein Unternehmen interessiert sich nun mal vorrangig dafür, was es von einem Bewerber *bekommt*, und nicht dafür, was es für den Bewerber tun kann. »Die deutsche Wirtschaft ist nicht die CARITAS«, sagte ein Wirtschaftsjournalist einmal und trifft damit auch heute den Nagel auf den Kopf. Zeigen Sie in Ihrem Anschreiben also unbedingt, was Sie dem Unternehmen *geben* können.

Zwei Beispiele:

Sie sind berufserfahrener Vertriebsmanager und bewerben sich bei einer Zigarettenfirma, die jemanden für den europäischen Vertrieb sucht. Schreiben Sie denen kurz, welche Stärken und Kenntnisse Sie speziell für die Marke XY einbringen können, etwa: Kenntnisse der internationalen Vertriebsstruktur, besondere Kenntnisse des französischen und südeuropäischen Raums, wo Sie die Akzeptanz und den Absatz der Marke noch spürbar erhöhen könnten – jedenfalls wäre es für Sie vorstellbar und eine reizvolle Aufgabe. Selbst wenn das Unternehmen andere Schwerpunkte sieht, wäre man dennoch angetan von Ihrer Art und Weise, sich bereits konkret Gedanken zu machen.

Oder Sie haben gerade den Realschulabschluß in der Tasche, sind noch keine zwanzig Jahre alt und möchten sich beim örtlichen Plattenladen um eine Ausbildungsstelle zum Einzelhandelskaufmann/-frau bewerben. Schreiben Sie so, daß man – erstens – merkt, daß Sie noch kein junger Greis, sondern ein wirklich frischer Typ sind, und – zweitens – so, daß sich der Chef des Plattenladens auch angesprochen fühlt. Wenn Sie hierbei berücksichtigen, daß es sich dabei vielleicht um einen gerade mal dreißig Jahre alten Musikfan handelt, der sein Hobby zum Beruf gemacht und einen coolen Szeneladen gegründet hat, könnten Sie wie folgt schreiben:

. . . . . .

. . . . . .

. . . . . .

. . . . . .

Lieber Peter Petrel,

nachdem ich jahrelang meine Lieblingsplatten und CDs in Deinem Laden gekauft habe, habe ich nun eine ganz besondere Bitte: Ich würde gerne bei Dir und »Drive-Music« hinter die andere Seite des Ladentisches wechseln und das »Ver-kaufen« erlernen. Ich bringe mit: Viel Lust auf Musik (Spezialgebiet: Hip-Hop, Rap, z. T. Crossover), Spaß am Verkaufen und Organisieren – und den Realschulabschluß (Zeugnis liegt bei).

Ich würde gerne mithelfen, das Sortiment von »Drive-Music« auf dem aktuellen Stand zu halten und für die Kunden interessant zu gestalten. Da ich sowieso den größten Teil meiner Zeit mit Musik verbringe, fände ich es klasse, wenn ich das in einem Geschäft wie Drive-Music machen könnte (Überstunden machen mir nichts aus).

Ich fände es toll, wenn ich mal zu einem Vorstellungsgespräch vorbeischauen dürfte – über eine baldige Rückmeldung würde ich mich sehr freuen!

Viele Grüße
Mike Peters

Keine Angst: Sie dürfen (ja *müssen*) in einem solchen Fall sogar duzen. Und eine jugendliche, vielleicht etwas schnoddrige Sprache ist in einem Szeneplattenladen auf keinen Fall fehl am Platze – schließlich sucht man hier keine schicken Bankertypen, sondern jemand, der dem coolen, lässigen Image des Plattenladens und seinem Publikum gerecht wird.

Wenn Sie sich bei Mercedes-Benz bewerben, gehen Sie natürlich ganz anders vor – und trotzdem darf es auch ein bißchen witzig sein:

. . . . . .
. . . . . .
. . . . . .

Sehr geehrte Frau Cargo,

laut ADAC-Pannenstatistik (und Ihrer Werbung) hat ein Mercedes-Benz nur alle 200 000 Kilometer eine Panne. Ich würde gerne dazu beitragen, daß es dabei bleibt: Als Jungmanager für Ihren Bereich »Automobilentwicklung« möchte ich neue Trends und Entwicklungen für Sie entdecken – und auf diese Weise helfen, langjährige, aber auch neue Kunden für Mercedes zu begeistern.

Deshalb bewerbe ich mich um die Stelle, die Sie in der »Frankfurter Allgemeine« vom Samstag, 23. April 1997 ausgeschrieben haben. Kurz zu mir: Ich bin …

usw.

Wenn Sie in Ihrem Anschreiben inhaltsleere Floskeln soweit wie möglich vermeiden, wird man von Ihnen einen aufgeweckten und kompetenten Eindruck erhalten und sich ein konkretes Bild von Ihnen machen können. Das zeigt, daß Sie nichts (keine Schwächen) zu verbergen haben, denn hinter Floskeln und nichtssagenden Texten stehen häufig Bewerber von zweifelhafter Qualifikation. Wer was kann, hat es nicht nötig, damit hinterm Berg zu halten. Personalbearbeiter wünschen sich deshalb so konkrete Bewerbungen wie nur irgend möglich – und sind vorsichtig bei allzu schwammigen, schriftlichen Auftritten. Das Anschreiben ist Ihre große Chance, die Gedanken, die Sie sich im Rahmen der Überlegung für Ihre Bewerbungskampagne gemacht haben, schriftlich darzustellen und der anderen Seite mitzuteilen. Und es ist mithin die einzige Möglichkeit für Sie, Ihre Persönlichkeit und das, was Sie sonst für wichtig halten, in Ihre Bewerbung einzubringen – denn alles andere sind nur Zeugnisse und Nachweise, eben Beurteilungen anderer Leute über Sie.

Im Anschreiben haben Sie die Chance, etwas über sich selbst zu sagen. Nutzen Sie diese Möglichkeit, und heben Sie sich vom Gros der Bewerber ab, die erfolglos Hunderte von Bewerbungen verschicken und sich dann wundern, warum …

Was den Ton angeht, drücken Sie sich freundlich, aber modern aus: Schlußgrüße wie »Hochachtungsvoll« oder gar »ehrerbietig« haben nichts in einer modernen Bewerbung zu suchen. Ihr ganzer Brief sollte eine zeitgemäße, freundlich-distanzierte Sprache sprechen – und nicht den Verdacht nahelegen, daß Sie im falschen Jahrhundert leben.

Der Lebenslauf:

Kürze und Prägnanz sind angesagt

Die Zeit der ausführlichen Lebensläufe, erzählt wie eine Geschichte und womöglich noch handgeschrieben, ist vorbei. Heute zählt die kurze und prägnante Information: Der tabellarische Lebenslauf – auf ein bis zwei DIN-A4-Seiten – ist das Maß aller Dinge. Bevor wir auf Einzelheiten eingehen, betrachten Sie bitte zunächst das Muster auf Seite 191, nach dem Sie vorgehen sollten.

Dieses Muster erlaubt einen schnellen und informativen Überblick über den bisherigen Lebens-, Ausbildungs- und Berufsweg eines Bewerbers und ist deshalb als Lebenslauf sehr gut geeignet – denn zuviel freie Gestaltung führt häufig auch zu mehr Unübersichtlichkeit und ist oft nicht sehr leserfreundlich. Der Leser will ja aus Ihrem Lebenslauf Fakten über Sie erfahren – Persönlichkeit und andere wichtige Dinge haben Sie ihm ja bereits im Anschreiben mitgeteilt, und die Zeugnisse als Beweismittel folgen ja noch.
Der Lebenslauf soll dem Leser kurz und prägnant mitteilen, ob er mit der Bearbeitung der Bewerbung weitermachen muß, oder ob Sie aufgrund mangelnder oder falscher Qualifikation bereits aus dem Rennen sind und man sich aufgrund dieses ersten Überblicks die Einsicht in die Zeugnisse und anderen Nachweise sparen kann. Deshalb kommt er auch gleich nach dem Anschreiben. Diese beiden Aspekte sind sozusagen Ihre »Kurzbewerbung«, die zuerst geprüft wird. Die Zeugnisse und Nachweise sind nur als Beweismittel dabei und werden erst

Muster eines tabellarischen Lebenslaufs

Lebenslauf	***Foto** (eingeklebt)*
Name:	*Petra Kaufmann*
Wohnort:	*Lange Str. 45, 75698 Kommerzheim, Tel. …*
geboren:	*30. 12. 1971*
Familienstand:	*verheiratet*
Schulbildung:	*19.. bis 19..: Grundschule Bietigheim* *19.. bis 19..: Realschule Sinzig* *19.. bis 19..: Höhere Handelsschule Stuttgart-Ost*
(ggf. Wehr- oder Zivildienstzeit):	
Berufsausbildung:	*19.. bis 19..: Ausbildung zur Speditionskauffrau bei »Unimog Spedition«, Weilheim*
Studium:	*19.. bis 19..: Betriebswirtschaftslehre an der Fernuniversität Hagen, berufsbegleitend*
Berufspraxis:	*19.. bis 19..: Speditionskauffrau bei »Unimog Spedition«, Weilheim* *19.. bis 19..: Kauffrau im »Großhandel Metauer«, Stuttgart*
Sonstiges:	*19..: Cambridge Certificate*

Kommerzheim, 26. November 1997
(handschriftliche Unterschrift)

dann wichtig, wenn Ihr Anschreiben und Lebenslauf auf einen geeigneten Bewerber schließen lassen.
Schreiben Sie Ihren Lebenslauf mit Computer oder einer modernen Schreibmaschine in einer guten, aber nüchternen Schrift (keine Schnörkel- oder Schreibschrift!) und nicht handschriftlich, bis auf Ihre Unterschrift (genauso wie beim Anschreiben). Der Lebenslauf muß genauso wie das Anschreiben ein Originalausdruck und mit dem aktuellen Datum des Tages versehen sein – so zeigen Sie, daß Sie sich speziell für diese Stelle bewerben und nicht nur hundert Kopien von jedem Bewerbungsbaustein in der Schublade liegen haben.
Verzichten sollten Sie heutzutage auf die Eintragung der Namen und Daten Ihrer Eltern oder auch etwaiger Kinder sowie auf die Darstellung Ihrer Schulzeit auf den Tag genau (es interessiert niemanden, ob Sie am 2. August eingeschult wurden und ob dieser Tag ein Mittwoch war). Ein wichtiger Bestandteil Ihres Lebenslaufs ist ein Foto von Ihnen, das Sie bitte oben rechts in die Ecke kleben.
Mehr dazu in dem folgenden Kapitel:

Das Foto:

Geben Sie ein gutes Bild ab!

Äußerlichkeiten sind nicht unwichtig. Jedes Unternehmen ist an vorzeigbaren Mitarbeitern und Mitarbeiterinnen interessiert – die in ihrem Aufzug auch zum Unternehmensimage passen. Das ist nicht erst bei einem Vorstellungsgespräch von

Bedeutung für Sie, sondern bereits bei der Auswahl des Fotos, das Sie Ihrer Bewerbung beilegen wollen. Ob farbig oder schwarzweiß, spielt dabei die geringste Rolle, die meisten Personalchefs beurteilen das als Geschmackssache.

Wichtig sind andere Faktoren: Die Qualität des Fotos als solches, Ihr Gesichtsausdruck und das, was Sie anhaben (wenn man davon auch wenig sieht).
Gehen Sie deshalb zunächst zu einem guten Fotografen (vergessen Sie den Paßbildautomaten am Bahnhof) und lassen Sie sich ordentlich ablichten – nicht von der Paßbildkamera für 18,50 Mark, sondern als Portrait. Davon lassen sich nämlich auch kleine Bewerbungsfotos herstellen. Daß Sie dafür vielleicht das Zehnfache auf den Tisch legen, sollte Sie nicht weiter stören, schließlich bewerben Sie sich nicht alle Tage und wollen doch eine gute Figur machen, oder?
Aber nicht nur die Qualität der Aufnahme ist wichtig, um einen guten Eindruck zu hinterlassen, sondern auch Ihr Gesichtsausdruck: Versuchen Sie, freundlich zu gucken (aber nicht grinsen!) und sympathisch zu wirken – am besten so, daß Sie sich selbst gefallen und dabei nett und dennoch seriös rüberkommen. Kleiden Sie sich nicht übertrieben chic, aber auch nicht zu schlampig. Am besten ist ein helles, unifarbenes Hemd oder eine ebensolche Bluse – mehr sieht man auf dem Foto ja eh nicht. Krawatte muß für die Herren der Schöpfung nicht unbedingt sein – später beim Vorstellungsgespräch in vielen Fällen allerdings schon. Achten Sie bitte auch darauf, daß Sie beim persönlichen Besuch nicht dasselbe Kleidungsstück tragen wie auf dem Foto – man könnte denken, Sie besäßen nichts anderes.
Auch das Foto sollte zu Ihrer Kampagne passen – das heißt,

für die Schallplattenfirma könnten Sie sich das weiße Hemd sparen und statt dessen ein cooles T-Shirt oder etwas anderes tragen, das Sie als trendbewußt ausweist. Tragen Sie aber bitte keine bunten Hawaii-Hemden oder ähnliche Freizeitkleidung, und auf die Idee, derartige Privatbilder als Bewerbungsfotos zu mißbrauchen, kommen Sie bitteschön lieber auch nicht. Schicken Sie keine zu alten Fotos (möglichst nicht älter als ein Jahr!), man möchte Sie ja auch noch wiedererkennen können, und auch keine in Postergröße. Vom Paßbildformat bis 10 × 15 Zentimetern ist alles drin – je besser das Foto, desto größer dürfen Sie es präsentieren, wenn Sie wollen.

Zeugnisse und andere Nachweise

Nachdem Sie Ihre persönliche Bewerbung abgeschlossen haben, geht es nun daran, die Zeugnisse und Nachweise über den bisherigen Lebens-, Bildungs- und Berufsweg zusammenzubringen. Bitte verschicken Sie alles als Kopie (muß nicht amtlich beglaubigt sein), da Sie nie so genau wissen, an wen Sie geraten und ob Sie Ihre Bewerbungsunterlagen jemals wiedersehen werden.

Was Sie mitschicken sollten: Das letzte Schul- und Studienzeugnis, Arbeitszeugnisse, Ausbildungs- und Praktikumsbescheinigungen, Fremdsprachen-, Computer- und Schreibmaschinennachweise, Weiterbildungszertifikate, Bestätigungen über Auslandsaufenthalte. Vielleicht fällt Ihnen auch noch etwas ein, was hier nicht aufgeführt ist – wichtig ist nur, daß beigelegte Nachweise über irgendwelche Fähig- und Fertigkeiten einen Bezug zur angebotenen Stelle haben sollten oder grundsätzliche Bildungsanforderungen nachweisen. Schicken Sie also keine Urkunde über die niedersächsische Vizemeisterschaft im 400-Meter-Lauf, die Sie erringen konnten – das ist zwar eine tolle Leistung, aber interessiert für Ihre Bewerbung als Filialleiter bei EDEKA eigentlich nicht (etwas anderes wäre es, wenn Sie sich im Sportfachhandel bewerben würden).

Ordnen Sie Ihre Zeugnisse nach Wichtigkeit – und dann chronologisch. Das für die Tätigkeit wichtigste Zeugnis kommt also obenauf, gleich nach dem Lebenslauf, das zweitwichtigste danach. Auch wenn bereits neuere Weiterbildungszeugnisse oder anderes vorhanden sind. Alles Wichtige kommt grundsätzlich nach vorne, damit sich die bearbeitende Person schnell einen guten Überblick verschaffen kann und sich nicht am Anfang mit Nebensächlichkeiten aufhalten muß, sondern den besten Eindruck, den sie gewinnt, durch die folgenden Zeugnisse erweitern kann. Und: Schicken Sie nicht zuviel. Das Schulabschlußzeugnis reicht vollkommen aus, legen Sie nicht noch die Ergebnisse Ihrer gesamten Schullaufbahn bei, das interessiert keinen …

Was etwaige Arbeitszeugnisse aus Ihrer bisherigen beruflichen Laufbahn angeht, sollten Sie vor dem Verschicken noch einen Blick auf sie werfen, damit Sie sich nicht selbst ein faules Ei ins Nest legen. Denn in der Personalbeurteilung gibt es eine eigene Sprache, die für einen Laien oft etwas ganz anderes aussagen mag als für einen Profi. Und es kommt nicht selten vor, daß man Ihnen ein Zeugnis ausgestellt hat, aus dem sich schlimme Vorwürfe ableiten lassen, obwohl es gar nicht so gemeint war. In diesem Fall haben Sie vielleicht in einem kleineren oder mittleren Betrieb gearbeitet, wo der Chef noch selbst das Zeugnis geschrieben hat oder jemand anders, der sich nicht mit der Personalsprache auskennt. Verlangen Sie dann unbedingt ein neues Zeugnis – denn mit einem schlechten (vor allem, wenn es grundlos ist) tun Sie sich und Ihrer Bewerbung absolut keinen Gefallen! Hier einige dieser »gefährlichen« Floskeln:

> *... hatte Gelegenheit, die ihm übertragenen Aufgaben zu erledigen.* Im Klartext: Er hatte zwar Gelegenheit, hat sie aber nicht genutzt. Note 6. Ähnliches gilt für: *... war immer mit Interesse bei der Sache*, oder *... seinen Aufgaben widmete er sich mit Begeisterung* (leider ohne Können!).
>
> *... erledigte seine Arbeit ordentlich und ordnungsgemäß.* Soll heißen: Tat nur, was er unbedingt mußte.
>
> *... zeigte Fachwissen und ein gesundes Selbstvertrauen.* Heißt: War übertrieben selbstsicher bei gleichzeitig geringem Fachverstand.
>
> *... war ein geselliger Mitarbeiter.* Bedeutet: Feierte gerne während der Arbeitszeit, trank dabei gerne auch Alkohol.

Wie verpacke ich meine Bewerbung?

So, nun haben Sie den Papierkram zusammen. Jetzt geht es daran, das Ganze nicht nur einigermaßen ansehnlich, sondern auch transportsicher zu verpacken: Die einzelnen Blätter lassen sich gut in einer geschmacklich bedenkenlosen, dunklen Pappmappe zusammenfassen, oder man steckt sie in eine feste Klarsichtfolie, die seitlich offen ist. Beide Möglichkeiten eignen sich besser als die meisten bunten Billig-Plastikschnellhefter oder das einfache Zusammenheften der Blätter mit einem Tucker. Stecken Sie Ihre Bewerbung *ungeknickt* in einen großen Briefumschlag mit festem Papprücken (der bleibt auch ungeknickt!), und schicken Sie das Ganze richtig frankiert als normale Postsendung raus. Bitte nicht als Einschreibbrief, der persönlich zugestellt werden muß, denn dabei können Probleme auftauchen. Zum Beispiel, daß niemand da ist, der ihn annehmen kann (gerade bei kleineren Betrieben, im Einzelhandel etc.) und der Brief somit erst später vom Postamt abgeholt werden kann oder erneut zugestellt werden muß. Achten Sie auf die richtige Frankierung Ihrer Sendung: Wer zu wenig Briefmarken draufklebt, kann sich nicht darauf verlassen, daß seine Bewerbung überhaupt angenommen wird, es kann sein, daß sie postwendend am nächsten oder übernächsten Tag zurückkommt, was ziemlich peinlich wäre, oder? Und selbst wenn sie angenommen wird, stehen Ihre Chancen nicht gerade gut: Ein Mensch, der noch nicht mal einen wichtigen Brief richtig frankieren kann, wird wohl als Mitarbeiter kaum geeignet sein, da er ja offensichtlich etwas weltfremd ist und Schwächen im organisatorischen Bereich aufweist. Sicher wollen Sie nicht, daß man Sie so beurteilt, sondern Sie möchten den nächsten Punkt erreichen: das Vorstellungsgespräch.

Das Vorstellungsgespräch:

Wie Sie sich optimal darauf vorbereiten und sich richtig verhalten

Heutzutage einen Vorstellungstermin aufgrund einer schriftlichen Bewerbung zu bekommen, heißt natürlich etwas: Sie haben sich gegen oft mehrere hundert Mitbewerber durchgesetzt und zählen zum engeren Kreis der geeigneten Kandidaten – geschafft haben Sie es damit aber natürlich noch lange nicht (denken Sie bitte daran, den Termin freundlich per Telefon oder Fax zu bestätigen).
Jetzt geht die Vorbereitung los, um in diesem Gespräch und eventuell in damit verbundenen Tests eine gute Figur zu machen. Denken Sie dabei erneut an Ihre Kampagne – sie muß sich wie ein roter Faden durch Ihre Bewerbung ziehen. Sie können sich zum Beispiel nicht als seriöser Geschäftsmann bewerben und anschließend als bunter Paradiesvogel zum persönlichen Gespräch erscheinen. Schließlich hat man Sie eingeladen, weil Ihre schriftliche Vorstellung überzeugt hat. Gehen Sie deshalb auf demselben Weg weiter: inhaltlich, optisch und hinsichtlich Ihrer Art des Auftretens.

Fangen wir mit den Inhalten an: Überlegen Sie sich vor dem Gespräch noch einmal, was Sie in Ihrem Anschreiben geschrieben haben. Gehen Sie niemals in ein Gespräch, ohne genau zu wissen, was Sie bereits versprochen haben. Zeigen Sie mit konkreten Aussagen und Fragen, daß Sie sich vorbereitet haben und an der angebotenen Tätigkeit und dem Unternehmen wirklich interessiert sind. Gleichzeitig versuchen Sie,

so frisch und interessant zu wirken, daß auch die Gegenseite in Ihren Bann gerät. Stellen Sie sich nicht überheblich dar, Ihr Licht aber auch nicht unter den Scheffel. Versuchen Sie, ein richtiges Fachgespräch zu führen und die Abfragesituation abzuschütteln. Wenn es Ihnen gelingt, über fachliches Know-how und Ausstrahlung eine gewisse Lockerheit ins Gespräch zu bringen, haben Sie schon sehr viel geschafft! Erzählen Sie von dem, was Sie bisher gemacht haben, wo Sie Parallelen zu der angebotenen Tätigkeit sehen und was Sie gerne machen würden.
Fragen Sie nach, welche Aufgabenbereiche auf Sie zukommen werden und gehen Sie näher auf einzelne Bereiche ein, die Ihnen als Ihre Stärke erscheinen. Zeigen Sie ruhig ein bißchen Begeisterung, das kommt immer gut an, schließlich ist jedes Unternehmen daran interessiert, engagierte Mitarbeiter einzustellen. Und bleiben Sie Sie selbst! Wenn Sie sich die ganze Zeit verstellen müssen (und sich bereits vor dem Gespräch daraufhin trainieren), werden Sie kaum eine lockere Gesprächssituation herstellen können – je natürlicher Sie bleiben, desto besser sind Ihre Chancen. Gehen Sie deshalb auch nicht mit dem Gedanken ins Gespräch: »Ich *muß* diesen Job haben!«, denn Sie werden sich verkrampfen. Denken Sie lieber daran, daß Sie auch noch andere Bewerbungen laufen haben und daß noch mehrere reizvolle Chancen auf Sie warten – so können Sie etwas lockerer bleiben.

Apropos locker bleiben: Dazu gehört natürlich eine entspannte und freundliche Ausstrahlung. Versuchen Sie also, freundlich auszusehen und sich auch so zu verhalten. Mürrische Typen müssen fachlich schon sehr gut sein, um mangelnde Integrationsfähigkeit wieder wettzumachen. Geben Sie Ihrem Gesprächspartner einen festen Händedruck, ohne ihm sämtliche Knochen zu brechen, versuchen Sie, in Haltung und Gang Elan auszudrücken. Um das zu können, sollten Sie sich natürlich auch körperlich wohl fühlen: Sorgen Sie also vor dem Gespräch dafür, daß Sie ausreichend gegessen und getrunken haben beziehungsweise Proviant mit sich führen. Vergessen Sie nicht, daran zu denken, die Toilette aufzusuchen, damit Sie während der Unterhaltung nicht auch noch unter Druck stehen, weil Sie dringend mal müßten … Kalkulieren Sie genügend Anreisezeit ein: Sie wollen ohne Streß und erholt ankommen, weil Sie ansonsten Schwierigkeiten haben werden, überhaupt ins Gespräch zu kommen, da Sie die ganze Fahrt über nervös gehofft haben, es irgendwie doch noch rechtzeitig zu schaffen (und sich nachher womöglich noch rechtfertigen mußten, warum Sie zwanzig Minuten zu spät waren!). Sie müssen alles darauf einstellen, den Kopf so frei wie möglich zu bekommen, damit Sie sich völlig unbelastet und ohne irgendein schlechtes Gefühl auf das Gespräch vorbereiten und einlassen können.

Wenn Sie auch durch Inhalte und Ihre Art bereits viel erreichen können, dürfen Sie eine dritte Komponente natürlich niemals außer acht lassen: die Kleiderordnung. Wie schon gesagt, das Berufsfeld Industrie und Handel eröffnet tausend Möglichkeiten verschiedener Unternehmensphilosophien. Sie haben sich bereits mit Ihrer schriftlichen Bewerbung auf diese Philosophie eingelassen und müssen diese Strategie nun weiter fortsetzen: Der Nachwuchs-Vertriebsmitarbeiter eines Plattenladens wird sich deshalb auch hier wieder anders verhalten (= kleiden) als sein Kollege im Lebensmittelhandel. Und der wiederum anders als jemand, der sich um den Absatz oder das

Marketing von Edelgütern wie Parfüm oder Mode kümmern möchte.

Zu ersterem folgendes Beispiel: Ein Journalist, der als Pressemanager bei einer Plattenfirma in Hamburg arbeiten wollte, putzte sich für dieses Gespräch heraus, da er nicht nur dem Personalchef, sondern gleich dem gesamten Führungstrio gegenübersitzen sollte. Er betrat den Eingangsraum – in feinstem Anzug und mit einer Krawatte, die mehr gekostet hatte als anderer Leute Zweitfernseher – und sah einen Haufen bunt-greller Popmusikplakate an den Wänden. Dann wurde er per Handschlag locker von einem etwas älteren Praktikanten in zerschlissener Jeans und Lederweste abgeholt und in das Konferenzzimmer gebracht, wo schon zwei andere, lässig gekleidete Typen saßen. Der dritte setzte sich zu ihnen. Dem Bewerber wurde urplötzlich klar, wem er gegenübersaß: Einem leitenden Angestellten der Plattenfirma! Natürlich bekam er die Stelle nicht, da er sich optisch verkalkuliert hatte. Jemand, der Rock- oder Popbands verkaufen will und nur mit jungen Menschen in einer jungen Szene zu tun haben wird, sollte auch von seiner Kleidung her da reinpassen.

Für den Kollegen im Lebensmittelhandel oder bei dem Sanitärhersteller ist für ein Vorstellungsgespräch ein Anzug dagegen Pflicht – allerdings ist hier weder allzu fein, noch allzu trendy angesagt, sondern schlicht und einfach ein normaler, nicht zu billiger Anzug, der Sie seriös und adrett wirken läßt. Besondere Eleganz bewährt sich hingegen bei einer Bewerbung im Bereich der Luxusgüter, wie sie Designer-Mode oder teure Parfüms darstellen – aber auch hier sollte man mehr auf schlichte Schönheit setzen als auf grelle Verkleidungen und Kostüme.

Allgemein gilt: Ein Anzug oder ein Kostüm bzw. Hosenanzug für die Frauen ist in der Regel in Ordnung, dazu ein Hemd oder eine Bluse von nicht zu billiger Qualität. In vielen Bereichen ist allerdings gerade für junge Leute noch nicht einmal mehr ein Anzug nötig, sondern eine gute Jeans und ein weißes Hemd oder Bluse tun es auch. Wichtig ist, daß Sie einen ordentlichen und sympathischen Eindruck machen, und das erreicht man gerade in jungen Jahren besser mit Kleidung, die auch zur eigenen Generation paßt, und nicht mit Papis Anzug (das wirkt entweder eine Nummer zu groß und nicht selten sogar peinlich!).

Achten Sie auf jeden Fall auf gutes, festes und dunkles Lederschuhwerk und tragen Sie dazu unbedingt Socken oder Strümpfe, die in der Farbe angepaßt sind. Und: Wagen Sie es nicht, weiße Tennissocken anzuziehen (dann schon eher barfuß)! Was die früher obligatorische Krawatte bei den Herren und das Kleid bzw. Kostüm bei den Frauen angeht, ist heute ebenfalls alles lockerer. Gerade bei kleineren und mittleren Unternehmen ist häufig eine Krawatte beim Bewerbungsgespräch sowie im Arbeitsalltag gar nicht nötig – hauptsächlich Großunternehmen und Betriebe, die sehr viel Image mitverkaufen, leben noch im Krawattenzwang. Wenn Sie eine tragen möchten, dann aber auch eine Krawatte und keinen billigen bunten Schlips! Frauen haben heute keinen Zwang zum Kleid mehr, sondern können ebenfalls in Hosen auftauchen. Generell gilt wie bei allem und jedem: Es sollte gut aussehen.

Wenn Sie optisch und inhaltlich gut vorbereitet in Ihr Vorstellungsgespräch gehen, werden Sie ein Gefühl der Sicherheit mithineinnehmen – und mit etwas Glück den Raum zufrieden wieder verlassen!

Einstellungstests und Assessment-Center

In Industrie und Handel setzen sich heutzutage immer mehr alternative Testverfahren durch, die das althergebrachte Bewerbungsgespräch zwar nicht ersetzen, aber umfangreich ergänzen: Nicht selten dauert (gerade im Fall von Hochschulabsolventen, die für Trainee-Programme oder erste Führungspositionen gesucht werden) ein solches Verfahren mehrere Tage, an denen die Kandidaten auf Herz und Nieren (soll heißen: fachliche und persönliche Qualifikation für die Stelle) geprüft werden.
Neumodisch nennt sich das aufwendigste Verfahren »Assessment-Center«. Es ist nichts anderes als ein Gruppentraining, in dem fünf bis zehn Bewerber zusammen verschiedenen Tests, Arbeitsplatzsimulationen und Gesprächen ausgesetzt werden – beobachtet und beurteilt von mehreren Personal- und Fachmitarbeitern des Unternehmens gleichzeitig. Da wird dann nicht nur Wissen abgefragt, sondern auch seine praktische Anwendbarkeit speziell für die angebotene Stelle. Und auch die Persönlichkeitsmerkmale und andere besondere Qualitäten eines Bewerbers können auf diese Weise ziemlich genau durchleuchtet werden: Wie verhält sich jemand in Streßsituationen, die ja im betrieblichen Alltag auch vorkommen? Ist ein Bewerber eher ein Einzelkämpfer oder teamorientiert? Strahlt jemand Selbstvertrauen aus oder eher Unsicherheit? Und so weiter. Nach zwei oder drei Tagen fahren die abgekämpften Kandidaten wieder nach Hause – und die besten unter ihnen werden später noch mal zu einem »normalen« Bewerbungsgespräch geladen.

Weniger aufwendig als das Assessment-Center (das in der Regel nur von Großunternehmen eingesetzt wird, da ein enormer Organisationsaufwand damit verbunden ist) sind herkömmliche Tests, die in Industrie und Handel bereits (und besonders) bei der Auswahl des Azubi-Nachwuchses eingesetzt werden: Diese Tests verlangen hauptsächlich eine gute Allgemeinbildung, Ausdrucksvermögen und einigermaßen logisches Denken), und sie sind häufig weit weniger speziell auf die spätere Tätigkeit ausgerichtet als vielmehr auf die Auswahl von Bewerbern, die einen gewissen Bildungshorizont aufweisen.

Die Wirksamkeit gerade dieser Tests wird nicht selten bestritten, sie sind aber für einen guten Bewerber oder eine gute Bewerberin in aller Regel auch keine ernsthafte Hürde. Zu diesen Tests gibt es jede Menge Testknacker-Veröffentlichungen, aber wer über eine gute Allgemeinbildung verfügt und zudem die fachliche Qualifikation für den zu besetzenden Job mitbringt, kann sich das Geld dafür eigentlich sparen. Sie schaffen es auch so!

Die Zeit des Wartens – und danach

Zurückgekehrt von Ihrem Bewerbungsgespräch und/oder Einstellungstest werden Sie noch einige Tage (oder gar Wochen) warten müssen, bis Ihnen die endgültige Entscheidung mitgeteilt wird. Nur in seltenen Fällen kommt es vor, daß man sofort nach dem Gespräch eine feste Zu- oder Absage erhält (etwas anderes ist es bei Auszubildenden, gerade in kleineren Betrieben, wo es vielleicht nur ein oder zwei Bewerbungen um eine Stelle gibt). Schließlich wurden mehrere Bewerber eingeladen, und erst am Ende wird entschieden, wer am besten geeignet für die Firma ist. Nerven Sie die Leute in der Zwischenzeit nicht mit Telefonanrufen oder schriftlichen Nachfragen – man wird sich zu gegebener Zeit schon bei Ihnen melden. Normalerweise erhalten Sie ja bereits im Gespräch die Information, wann in etwa Sie mit einer Mitteilung des Unternehmens rechnen können, und wenn es mal ein paar Tage länger dauert, brauchen Sie auch noch nicht gleich einzugreifen.

Etwas anderes ist es natürlich, wenn Sie bereits von anderer Seite ein Angebot haben und nun kurzfristig wissen möchten, ob auch die zweite Firma interessiert ist, weil Sie dort vielleicht lieber arbeiten möchten. In einem solchen Fall rufen Sie ruhig an und sagen Sie offen, was Sache ist, man wird es Ihnen nicht übelnehmen, daß Sie sich auch bei einem anderen Unternehmen beworben haben. Im Gegenteil: Die Mitteilung, daß Sie woanders ein Angebot haben, kann die Personalentscheider auch sehr positiv beeinflussen, da sie nun wissen, daß die Qualität des Bewerbers bereits von der Konkurrenz erkannt wurde.

Hüten Sie sich aber davor, mit anderen (nicht existierenden) Angeboten zu pokern – solche Spielchen können genausogut nach hinten losgehen. Ansonsten gilt: Einige Tage bis zwei Wochen Wartezeit müssen Sie einkalkulieren. Manchmal (bei Großunternehmen) kann sich das Ganze noch weitaus länger hinziehen, je nach Aufwendigkeit der Tests und Anzahl der Bewerber.

Wenn Sie dann die Mitteilung in Händen halten, daß Sie den begehrten Job tatsächlich angeboten bekommen, dürfen Sie sich freuen. Aber auch danach wartet noch Arbeit auf Sie: die Vorbereitung auf den Job. Gehen Sie nicht einfach am ersten Arbeitstag total blauäugig dorthin und warten darauf, daß Sie jemand bei der Hand nehmen wird. Nein, nehmen Sie selbst was in die Hand! Lassen Sie sich bereits vorab (zum Beispiel von Ihrem Abteilungsleiter) kurz informieren, an welchen Projekten gerade gearbeitet wird und wofür genau Sie eingeplant sind. Tun Sie das aber bitte gleichzeitig mit Ihrer telefonischen Zusage für den Job, in wenigen Sätzen und so, daß Sie nicht allzusehr (und vor allem zu lange) nerven. Sie wollen sich ja nur schon mal vorab ein paar Gedanken machen, damit Sie am ersten Tag nicht so hilflos dastehen.
Wenn es dann soweit ist, treten Sie bitte Ihren Mitarbeitern gegenüber freundlich, und ruhig noch ein wenig distanziert auf. Verbrüdern Sie sich nicht schon am ersten Tag mit irgendwelchen Cliquen, sondern versuchen Sie, bei jedem auf ein nettes Klima zu achten, so können Sie nichts falsch machen. Schauen Sie ruhig auch mal den Kollegen über die Schulter oder fragen Sie nach, wenn Sie unsicher sind – das ist am Anfang ganz normal und wirkt ehrlich. Allerdings sollte es nicht zur Regel werden! Stellen Sie Kompetenz und Freundlichkeit immer vor Taktik und Karrierekalkül (eine Prise davon dürfen Sie allerdings schon besitzen), das wird Ihnen nicht nur einen guten Start in Ihren Job in Handel und Industrie ermöglichen, sondern auch ein weiteres Vorankommen erleichtern.

Noch ein Tip: Im Gegensatz zu der Ein-Job-Gesellschaft der älteren Generation leben wir heute in einer Arbeitswelt, die es gerade von jungen Leuten verlangt, flexibel zu sein. Sie werden nicht mehr nur einen Job, sondern vielleicht acht oder zehn in Ihrer Berufslaufbahn machen. Stellen Sie sich deshalb schon früh auf diesen Umstand ein. Bleiben Sie in dem Unternehmen, solange Sie den Eindruck haben, daß Sie vorankommen, denn wenn Sie zu lange stehenbleiben, bleiben Sie womöglich bei der Entwicklung der Arbeitswelt zurück und geraten ins Abseits. Deshalb kontrollieren Sie immer mal wieder Ihre Zufriedenheit mit dem Job – lassen Sie den Karriere-Aspekt nicht aus den Augen.

Wer wie unsere Väter zwanzig Jahre in dem gleichen Unternehmen in der gleichen Position arbeitet und damit vielleicht auch nicht ganz unglücklich ist, wird verletzbar. Denn wenn es dem Unternehmen doch noch einfällt, Sie zu entlassen, oder wenn Sie irgendwann gerne woanders arbeiten möchten, sind Sie schnell jemand, der hinten in der Schlange steht, da er nichts für seine Karriere getan hat und eher ein Privatmensch als ein Karrieretyp ist. Denken Sie also schon beim Start in Ihren Traumjob daran, daß Sie Wechsel und verschiedene Erfahrungsphasen in Ihr Berufsleben integrieren sollten, wenn Ihnen der Arbeitsmarkt die Möglichkeit dazu bietet – es wird sich später garantiert bezahlt machen!

ARBEITSFELD HANDWERK UND TECHNIK

»Von einem Automechaniker, der bei uns in der Montage am Fließband arbeiten will, erwarte ich nicht, daß er sich in Anzug und Krawatte bei mir vorstellt, das hätte mit dem Arbeitsalltag nicht im geringsten etwas zu tun. Bei einem Entwicklungsingenieur ist das etwas anderes: Der konstruiert im Büro und präsentiert und repräsentiert unsere neuen Modelle und das Unternehmen als solches. Da erwarte ich, daß so jemand angemessen angezogen ist. Die Kleidung beim Vorstellungsgespräch sollte dem Arbeitsalltag entsprechen.« Dies sagt der Personalchef eines großen deutschen Automobilkonzerns, und recht hat er. Einen Handwerker stellt man sich nicht mit weißem Kragen und Krawatte, sondern bodenständig und vielleicht auch ölverschmiert (oder ähnlich) vor. Jedenfalls als jemanden, der anpacken kann. Das heißt nicht, daß man jetzt im ölverschmierten Overall zum Vorstellungsgespräch gehen soll, sondern, daß man sich nicht verstellen muß, also auch in Jeans und Lederjacke kommen darf. Nur: Ordentlich und gepflegt sollte man schon aussehen.
Die Grenze zu den Menschen mit den weißen Kragen ist in anderen Fällen allerdings fließender; zum Beispiel beim Ingenieur, der je nach Einsatzgebiet entsprechend auftreten sollte. Das heißt, der praktische Technikanwender hat mehr Freiheiten als der planerisch und eher theoretisch-gestalterisch tätige Ingenieur. Andere technische Berufe wie zum Beispiel »Medizinisch-Technische/r Assistent/in« (MTA) oder Computer-Programmierer verlangen wiederum ein anderes Auftreten –

schriftlich und persönlich. Was für Ihren Wunschjob die richtige Methode ist, erfahren Sie, indem Sie sich ein paar Gedanken machen. Wertvolle Hilfestellung leisten Ihnen dabei die folgenden Kapitel – zuerst aber ein kurzer Blick auf das Arbeitsklima in Ihrer Branche:

Branchenthermometer Handwerk und Technik

kochendheiß	100 Grad	________
sehr heiß	80 Grad	________
heiß	60 Grad	________
wohltemperiert	40 Grad	________
frisch	20 Grad	________
unterkühlt	0 Grad	________
eiskalt	–20 Grad	________

Branchenklima Handwerk und Technik

Natürlich ist das Arbeitsklima von Firma zu Firma und von Job zu Job verschieden, trotzdem läßt sich einiges über ein grundsätzliches Feeling sagen. Handwerker und Techniker stehen zwar ständig unter dem Druck, etwas fertigstellen zu müssen, trotzdem gibt es in dieser Branche aber eine Art von Betriebsamkeit, die längst nicht so hektisch ist wie in den Medienberufen oder den kaufmännischen Jobs. Die letztgenannten sind ständig dabei, Informationen oder Waren loszuschlagen, und das geht nicht ohne Hektik ab.

Ein Ingenieur oder Maurermeister hingegen ist mit der sorgfältigen Fertigstellung eines Projekts betraut – natürlich spielt Zeit hier auch eine wichtige Rolle, doch Sorgfalt ist wichtiger, sie ist das A und O in allen handwerklichen und technischen Jobs. Das wirkt sich auch auf das Branchenfeeling aus: Der Umgangston ist je nach Unternehmen und Position zwar verschieden, hat aber nicht die Vieldeutigkeit wie in anderen Branchen (wo sich eiskalte oder äußerst hitzige Umgangsformen abwechseln), sondern ist zumeist gemäßigt (in Großbetrieben), nicht selten auch herzlich (in kleinen, familiären Betrieben). *In Handwerk und Technik wird nicht viel geredet und getratscht, sondern gearbeitet* – dieser Satz sagt eigentlich alles über das Branchenklima aus.

Der erste Schritt:

Überlegen Sie, was den Wunschjob charakterisiert und was das für die Bewerbung heißt!

Egal, ob einfacher Arbeiter, Diplomingenieur oder Software-Erfinder – jeder technische oder handwerkliche Beruf hat eine eigene, wichtige Bedeutung und ein Image, das dieser Bedeutung entspricht. Ein Maurer zum Beispiel muß mit dem Bild leben: »Kann kräftig anpacken, ist ein harter Bursche, trinkt schon vormittags Bier auf dem Bau – muß er aber auch, wenn er den ganzen Tag bei Wind und Wetter draußen schuftet.« Ein Software-Hersteller wird wohl eher als »typischer Com-

putertyp« charakterisiert, »eher in sich zurückgezogen, unauffällig, aber süchtig nach seinem Computer und seinen Anwendungen, die er perfekt zurechttüftelt«. Ein leitender Bauingenieur hingegen wird in der Werbung als »Mensch mit Überblick, Kompetenz – im Anzug, aber mit Schutzhelm (!)« dargestellt. Und einen Entwicklungsingenieur bei Mercedes-Benz könnte man sich im Vorraum eines hypermodernen Windkanals vorstellen, natürlich gut gekleidet, den prüfenden Blick auf das neue chromblitzende automobile Geschoß des Hauses richtend. Das Image eines Berufs birgt die Voraussetzungen bereits in sich, die man für diesen Job mitbringen muß (ein Maurer ohne Kraft, leicht kränkelnd – das ist schwer vorstellbar, oder?).
Welches Image hat Ihr Wunschjob? Wo stimmen Image und Berufswirklichkeit überein – und wo nicht? Welche Fähigkeiten werden verlangt – welche Vorkenntnisse? Und was können Sie davon bieten? Gestalten Sie Ihre eigene, ganz persönliche Bewerbungskampagne – ausgehend von dem, was Sie haben (und bieten können), und dem, was der Job, um den Sie sich bewerben wollen, verlangt!

Die Kampagne für sich selbst

Zum Beispiel sucht die UNO Ingenieure oder Facharbeiter, die in einem Entwicklungsland tätig sein wollen. Wenn Sie interessiert sind, haben Sie drei Komponenten, die Sie bei Ihrer Kampagne für sich selbst, also Ihrer Bewerbungsstrategie, berücksichtigen müssen: den Arbeitgeber (in diesem

Fall die UNO), den Job (Ingenieur oder Facharbeiter in einem Entwicklungsland) und sich selbst mit dem, was Sie vorweisen können. Für Ihre Kampagne setzen Sie sich bitte in Ruhe hin und schreiben innerhalb von zwanzig Minuten alles auf den Zettel, was Ihnen an Stichworten zu diesen drei Komponenten einfällt. Zum Beispiel: »UNO = United Nations Organization. Organisation der westlichen Welt zur Sicherung des Weltfriedens. Hauptaufgabe: Aufbau und Befriedung der Entwicklungsländer. Ziemlich elitär? Großer Apparat = bürokratisch? Weltweit sehr hohes Ansehen. International (usw.).«

Weiter geht's mit dem Job: Arbeiten als Entwicklungsingenieur, das heißt: jahrelang im Ausland; Gesundheitsrisiko; harte, aber einzigartige Erfahrungen; wirklich helfen können; eine Tätigkeit, auf die man stolz sein kann (usw.).
Schließlich kommen Sie zu sich selbst: Studium als Diplomingenieur/Fachschule für Elektrotechnik; ledig, aber gebunden an Freund/Freundin; großes Interesse an Entwicklungsarbeit seit jeher? (usw.).
Am Ende haben Sie drei große Blöcke mit den wichtigsten Punkten – schreiben Sie auch vermeintlich unwichtige Dinge auf oder Punkte, von denen Sie noch nicht genau wissen, ob sie eine Bedeutung für Sie haben werden. Das, was Sie aufgeschrieben haben, setzen Sie nun in Beziehung zueinander: Passen die drei Komponenten »Arbeitgeber«, »Jobanforderungen« und »Ich« zusammen? Wenn hier bereits unüberwindbare Hindernisse auftauchen, sollten Sie sich gar nicht erst bewerben. Wenn alles oder die wichtigsten Punkte zusammenpassen, haben Sie bereits eine Aufstellung für Ihre Argumentation im Bewerbungsanschreiben, mit der Sie unter Be-

weis stellen können, wie gut Sie für den angebotenen Job geeignet sind.

Optisch umgesetzt sähe das so aus:

Meine Einschätzung des Automobilkonzerns BMW

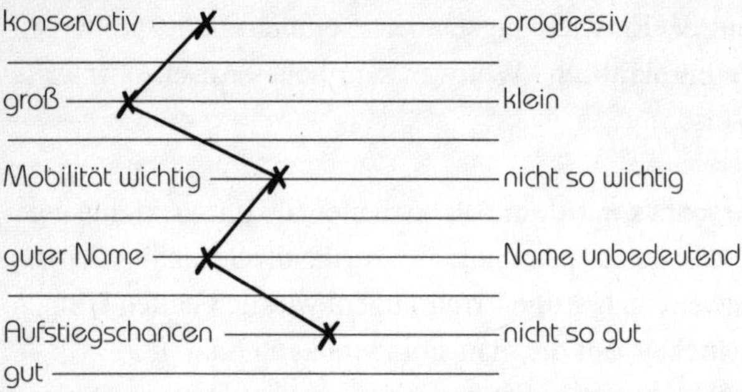

Das gleiche machen Sie nun für sich selbst:

So sehe ich mich und meine Vorstellungen

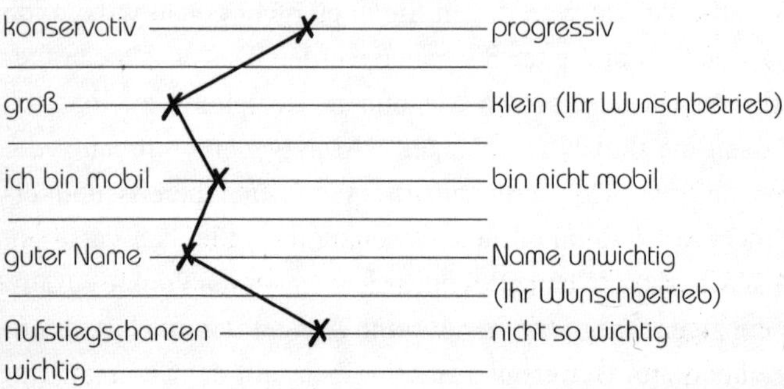

Der Vergleich

Wenn Sie die beiden Schemata miteinander vergleichen, werden Sie feststellen, ob Sie gut zusammenpassen. Nun sollten Sie sich auch noch mit dem angebotenen Job beschäftigen – am besten, indem Sie die in der Stellenanzeige geforderten Qualifikationen mit Ihrem eigenen Profil vergleichen.

Stellenanzeige	mein Profil
Maschinenbau-Konstruktionsingenieur (Uni, FH) gesucht	abgeschlossenes Studium (FH) als Diplomingenieur Maschinenbau
mind. dreijährige Berufserfahrung	seit zwei Jahren im Berufsleben in ähnlicher Position tätig
spezielle Kenntnisse in der Kombination von Maschinenbau und Elektrotechnik	beide Qualifikationen brauchte ich auch in meinem letzten Job
die Fähigkeit, moderne SPS-Anlagen zu programmieren	bisher nur am Rande damit zu tun; ich glaube aber, daß ich mich schnell in das Thema einarbeiten kann; Grundkenntnisse sind vorhanden
gute englische Sprachkenntnisse, allgemein und technisch	Sprachkenntnisse selbstverständlich, habe ein Jahr in England studiert
usw.	

Sie können sich nun Ihre Kampagne genau zurechtlegen: Bewerben Sie sich mit einem konkreten Schreiben, das zeigt, daß Sie sich Gedanken über die Stelle, den Arbeitgeber und Ihre eigene Eignung gemacht haben. Versuchen Sie, sich in die Wunschtätigkeit hineinzuversetzen – auf diese Weise identifizieren Sie sich bereits bei der Vorbereitung Ihrer Bewerbung mit dem Arbeitgeber in spe.

Das Unternehmen oder die Institution muß von Ihnen eine Bewerbung erhalten, die darauf schließen läßt, daß man genau auf Sie gewartet hat. Ihre Vorstellungen, Ihr Auftreten (schriftlich wie persönlich) und die Präsentation Ihrer Fachkenntnisse (diese natürlich auch!) müssen optimal der Linie bzw. der Kultur des Unternehmens entsprechen. Schließlich will man sich jemanden ins Haus holen, der nicht erst »geradegebügelt« werden muß, sondern von Anfang an ins Team paßt! Ob Sie nun Tischler, Elektriker oder PTA werden wollen oder was auch immer – halten Sie sich an die genannten Tips und Schemata und tragen Sie zusammen, was Ihnen zum Arbeitgeber, bei dem Sie sich bewerben wollen, zum angepeilten Job, sowie zu sich selbst und Ihren Fähigkeiten und Wünschen einfällt.

Informationen zum Arbeitgeber können Sie, wie oben gezeigt, zumeist schon aus der Anzeige entnehmen. Bei größeren Unternehmen wissen Sie wahrscheinlich sowieso in Grundzügen Bescheid. Sie können sich aber auch Informationsmaterial über das Unternehmen zuschicken lassen, einen solchen Wunsch erfüllt Ihnen das Sekretariat gerne. Und bei kleinen Betrieben gibt es nicht soviel, was Sie konkret wissen müssen, und ein ungefähres Bild über einen Familienbetrieb können Sie sich auch ohne große Vorabinformationen machen. Identifizieren Sie sich bereits im Vorfeld der Bewerbung mit dem Wunschbetrieb oder -unternehmen.

Wie Sie Ihre Ergebnisse in die richtige Form bringen und überzeugend vertreten, dazu mehr auf den folgenden Seiten – zunächst allerdings noch ein paar Worte zur allerersten Kontaktaufnahme mit der Arbeitgeberseite.

Erste Kontaktaufnahme:

Schriftlich, telefonisch oder persönlich?

Die Regel ist (und wird es auch bleiben) der schriftliche Erstkontakt. Egal, ob Sie sich auf eine Anzeige hin oder direkt bewerben: Sie haben mit einer schriftlichen Bewerbung immer den meisten Platz, die beste Vorbereitung und die längste Bearbeitungszeit des Personalbearbeiters sicher – im Gegensatz zum telefonischen oder gar persönlichen Vorsprechen (oder alternativen Methoden, wie E-Mail). Schriftlich können Sie in aller Ruhe an Ihrer Bewerbungskampagne feilen und diese auch noch mal eine Nacht überschlafen, am Telefon dagegen geht alles ziemlich schnell.
Auch bei Initiativbewerbungen, wenn Sie vorab anfragen wollen, ob überhaupt Bedarf besteht, wird man Ihnen telefonisch eher kurz und bündig absagen, als sich lange mit Ihnen einzulassen. Der zuständige Personalsachbearbeiter weiß ja schließlich nicht, was für ein Bewerber ihm da womöglich durch die Lappen geht. Wenn Sie ihm oder ihr hingegen eine tolle Bewerbung *schicken*, wird sie zwangsläufig gelesen und vielleicht für einen späteren Zeitpunkt, wenn wieder jemand eingestellt werden soll, zurückgelegt. Ein persönlicher Besuch als Erstkontakt ist nicht anzuraten. Es kann sein, daß man Sie ganz schnell und einigermaßen unfreundlich wieder abwimmelt, weil man keine Zeit für Sie hat. Womöglich wird man Ihnen dann raten, sich schriftlich zu bewerben – also tun Sie das am besten gleich!

Eine Ausnahme ist es, wenn man sich in einem kleinen Betrieb – zum Beispiel einer Tischlerwerkstatt – bewirbt und den Meister vielleicht bereits persönlich kennt. Hier sollte man wirklich den Kontakt nutzen und mal auf ein Vorgespräch reinschauen. Wenn ein Unternehmen in seiner Anzeige anbietet, für weitere Informationen auch telefonisch zur Verfügung zu stehen, sollten Sie nur anrufen, wenn Sie wichtige, spezielle Fragen haben und sich gut am Telefon verkaufen können – um einfach mal »Hallo« zu sagen (und wenn Sie und die andere Person sich fragen könnten, warum Sie eigentlich angerufen haben), sollten Sie das lieber nicht tun.

Speziell für Informatiker und eigentlich alle Berufe im Computergeschäft können Sie sich gut per E-Mail bewerben, was für diesen Bereich natürlich eine einzigartige Möglichkeit darstellt, zu zeigen, daß man »dazugehört«. Als Kurzbewerbung kann das in diesem Bereich sehr empfehlenswert sein – besonders bei Initiativbewerbungen. Vergessen Sie aber nicht, daß dennoch eine schriftliche Bewerbung nach wie vor folgen muß.

Da sie Standard ist, gehen wir deshalb im nächsten Schritt darauf ein, wie sie aufgebaut sein sollte, und welche inhaltlichen sowie äußerlichen Punkte Sie dabei beachten sollten. Zunächst zu dem Teil Ihrer Bewerbung, den Sie komplett selbst gestalten und der deshalb eine enorm wichtige (aber oft unterschätzte) Bedeutung besitzt: das Anschreiben.

Das Anschreiben:

Ihr Schlüssel zum Bewerbungserfolg

Natürlich erwartet man von einem Arbeiter nicht, daß er seitenlang perfekt ausgedrückte Bewerbungsfloskeln von sich gibt, schließlich will man keinen Pressemann oder Schriftsteller engagieren, sondern jemanden, der zupacken kann. Ein studierter Diplomingenieur oder auch eine pharmazeutisch-technische Assistentin müssen schon etwas mehr bieten. Für alle aber gilt, daß sie gewisse Formalitäten beachten müssen und die eigene Bewerbung so außergewöhnlich wie möglich gestalten sollten, inhaltlich wie auch optisch. Das heißt nicht, daß Sie sich oder Ihre Bewerbung »aufblasen« sollen: Nein, Sie sollen sich nur so darstellen, daß man in Ihnen einen fachkompetenten, interessierten und dabei sympathischen Menschen sieht – und das möglichst schon beim ersten Blick in (und auf) Ihre Bewerbung. Alles in allem geht es dabei nur darum, daß Sie Ihre Fachkompetenz und Ihr Können in das richtige Licht setzen und deutlich machen, daß Sie gewillt sind, Ihre Fähigkeiten gewinnbringend für das Unternehmen einzusetzen.

Denken Sie beim Verfassen Ihres Anschreibens nicht daran, was *Sie* alles vom Unternehmen *haben* möchten (da werden Sie sich schon einig), sondern daran, was das Unternehmen von Ihnen bekommt, wenn es Sie einstellt. Denn nur das ist für Ihren potentiellen Arbeitgeber von Interesse: welchen Vorteil er hat, wenn er Sie einstellt. Wenn Sie das gut darstellen, wecken Sie damit sein Interesse an Ihnen. Und wenn ein Unternehmen erst mal an Ihnen interessiert ist,

Formales Muster eines Anschreibens

Jürgen Deter
Kölner Str. 67
54321 Hürth
Tel.: …

Architektur & Bau GmbH Mernes
Personalabteilung
z. H. Herrn/Frau …
Handwerkstr. 3
54321 Hürth

Hürth, 30. März 1997

Bewerbung als …
Ihre Anzeige in der … vom …

Sehr geehrte/r Frau/Herr XY,
(falls unbek.: Sehr geehrte Damen und Herren)

. . . .
. . . .
. . . .
. . . .

Mit freundlichen Grüßen
(handschriftliche Unterschrift)

Anlagen: Lebenslauf, Foto, Zeugniskopien
(u. a. gegebenenfalls)

können Sie im zweiten Schritt dann auch darüber reden, was Sie gerne für Ihr Engagement haben möchten – aber erst dann.
Beachten Sie das also in Ihrem Anschreiben, der ersten Seite Ihrer Bewerbungsunterlagen (in der Regel eine Seite, auf keinen Fall mehr als zwei!). Schreiben Sie nach der Begrüßung kurz ein paar Zeilen über sich und das, was Sie bisher gemacht haben – natürlich im Hinblick auf die neu zu besetzende Arbeitsstelle. Setzen Sie dann Ihre Kampagne um, die Sie sich überlegt haben, und erzählen Sie, daß Sie etwas für die Firma leisten möchten – und in welchem Bereich Sie das tun wollen. Fassen Sie hier die Punkte und Ideen, die Sie in Ihrer Kampagne erarbeitet haben, in eigene Worte. Bringen Sie nur echte Inhalte, keine leeren Floskeln. Werfen Sie im Anschreiben alles in den Pott, was Sie in bezug auf die angestrebte Tätigkeit bieten können: Daß Sie der geeignete Tischler für den Betrieb XY sein könnten, weil Ihre Stärken und Ihr Fachgebiet im Bereich »Restaurierung und Neubearbeitung« wertvoller, alter Möbel liegen – ein Gebiet, das genau dem Schwerpunkt des Betriebs entspricht, bei dem Sie sich bewerben. Für jeden handwerklich-technischen Beruf läßt sich so etwas finden.

Soviel zu den inhaltlichen Werten Ihres Anschreibens – nun geht es an die Optik und die Formalitäten: Verwenden Sie ein gutes (80/90 g), aber auch nicht übertrieben edles Papier für Ihr Anschreiben, auf keinen Fall butterbrotdünnes Kopierpapier oder was auch immer. Ihr potentieller Arbeitgeber soll ja auch optisch einen guten Eindruck von Ihnen bekommen. Schreiben Sie nicht handschriftlich, sondern, wenn irgend möglich, mit einer modernen Schreibmaschine oder, noch besser, auf einem Computer. Bei jüngeren Bewerbern sowie bei leitenden Positionen wird das bereits als selbstverständlich vorausgesetzt, bei denjenigen, die nicht mit Computern und anderem High-Tech-Zeug aufgewachsen sind, drückt man allerdings ein Auge zu, wenn die Bewerbung kein perfektes Schriftbild aufweist.

Doch auch von Ihnen möchte man sehen, daß Sie sich zumindest Mühe geben. Das gilt auch für die Rechtschreib-, Grammatik- und Kommaregeln. Achten Sie unbedingt darauf, daß keine derartigen Fehler in Ihrem Brief (und Ihrer Bewerbung überhaupt) auftauchen – falls Sie beim Durchlesen einen solchen Fehler entdecken, schreiben Sie das Ganze noch einmal neu und verbessern Sie nicht mit Tipp-Ex. Auf nachträgliche Korrekturen Ihrer Bewerbung sollten Sie grundsätzlich verzichten! Auf Floskeln wie »Hochachtungsvoll« oder schlimmer können Sie getrost verzichten – diese devote Art, jemanden zu grüßen, ist längst überholt. Heute schreibt man: »Mit freundlichen Grüßen«. Und vergessen Sie bitte nicht, Ihr Anschreiben handschriftlich zu unterschreiben – das gehört immer noch dazu!

Halten Sie sich bei der Form Ihres Anschreibens bitte in etwa an das Muster auf Seite 220.

Noch ein Tip: Nennen Sie den Ansprechpartner wenn möglich mit Namen – das schafft gleich zum Einstieg eine vertrautere Atmosphäre. Wenn der Name nicht in der Stellenanzeige steht und Sie ihn telefonisch (über das Sekretariat bzw. die Personalabteilung) nicht erfragen können oder möchten, dürfen Sie aber auch mit »Sehr geehrte Damen und Herren« beginnen, ohne daß Ihnen deshalb jemand den Kopf abreißen wird.

So, nun müßten Sie eigentlich ein oder zwei vernünftige Seiten beisammen haben, die etwas über Ihre Persönlichkeit und Ihre Fähigkeiten verraten – und die Tür zum Bewerbungsgespräch ein wenig geöffnet haben.

An dieser Stelle ein weiteres Anschreiben, das Ihnen zeigt, wie man vorgehen kann (aber nicht muß):

Stefanie Gundel
Leberweg 23
45360 Münster
Tel. 0421/358943

Huth & Klose Restaurationstechnik
z. H. Frau Siebers
Weberweg 34
43445 Münster

3. März 1997

Bewerbung als Restauratorin

Sehr geehrte Frau Siebers,
Sie werden sich vielleicht wundern, weshalb ich meiner Bewerbung einige Fotos beigelegt habe, aber als ich am Samstag Ihr Stellenangebot in den Ruhr-Nachrichten las, habe ich ganz spontan eine Restaurationsarbeit »geknipst«, die ich gerade freiberuflich für die evangelische Kirchengemeinde Münster-Nord fertiggestellt habe. So bekommen Sie gleich einen (hoffentlich guten) Eindruck von mir und meiner Arbeit.

In Zukunft würde ich gerne für Huth & Klose arbeiten: Jede Menge Erfahrung und Feingefühl in Sachen Möbel- und Kunstaufbereitung bringe ich ebenso mit wie ein abgeschlossenes Kunststudium sowie die Ausbildung zur Restauratorin.

Da ich drei Jahre neben dem Studium freiberuflich für öffentliche und private Kunden Kunst wiederaufbereitet habe, könnte ich die verschiedensten Erfahrungen in meine Tätigkeit für Ihr Unternehmen einfließen lassen. Ich arbeite sorgfältig, bin belastbar und teamfähig.

Und ich würde mich freuen, wenn Sie mich zu einem Vorstellungsgespräch in Ihr Haus einladen würden!

Bis dahin, mit freundlichen Grüßen

Stefanie Gundel

Nun zum nächsten Bestandteil Ihrer Bewerbung, den Sie selbst erstellen müssen: Ihrem Lebenslauf. Den folgenden Zeilen lassen sich wiederum einige Tips zur optimalen Gestaltung entnehmen.

Der Lebenslauf:

Tabellarisch, kurz und übersichtlich

Die Überschrift sagt eigentlich schon alles aus, was Sie beachten müssen, wenn Sie Ihr bisheriges Leben auf ein Blatt Papier bringen wollen (oder müssen): Ein zeitgemäßer Lebenslauf ist nicht mehr ausführlich in ganzen Sätzen geschrieben, sondern tabellarisch, kurz und präzise – eben so, daß er dem Betrachter in kürzester Zeit erlaubt, einen ersten Eindruck von dem Bewerber oder der Bewerberin zu bekommen. Nur in seltenen Fällen wird ein ausführlicher Lebenslauf verlangt – den Sie dann natürlich auch in ganzen Sätzen verfassen sollten. Der Inhalt bleibt gleich. Ihr Lebenslauf sollte nicht mehr als ein bis zwei DIN-A4-Seiten umfassen – und genau wie das Anschreiben maschinen- bzw. computergeschrieben sein. Halten Sie sich dabei am besten an das Muster auf Seite 226.

Nach diesem Schema sollten Sie auch bei Ihrem Lebenslauf vorgehen. Oben rechts in die Ecke gehört ein Foto von Ihnen – doch dazu mehr im folgenden Kapitel.

Hier noch ein paar Tips zum Inhalt Ihres Lebenslaufs: Stellen Sie Ihre bisherige Laufbahn so lückenlos wie möglich dar, denn darauf wird sehr geachtet, und Lücken müssen Sie immer begründen. Falls Sie welche haben, machen Sie sich auf die Frage danach gefaßt! Schreiben Sie Ihren Lebenslauf bitte für jede Bewerbung neu – legen Sie auf keinen Fall irgendwelche (womöglich leicht zerknitterten) Exempla-

Muster eines tabellarischen Lebenslaufs

Lebenslauf **Foto** *(eingeklebt)*

Name:	*Jürgen Deter*
Wohnort:	*Kölner Str. 67, 54321 Hürth, Tel. …*
geboren:	*23. 4. 1956*
Familienstand:	*verheiratet, ein Kind*
Schulbildung:	*19.. bis 19..: Grundschule Klein-Scharrel*
	19.. bis 19..: Orientierungsstufe Friesoythe
	19.. bis 19..: Hauptschule Friesoythe
	19.. bis 19..: Realschulabschluß
Wehrdienst:	*19.. bis 19..: Zeitsoldat (Marineflieger Westerland/Sylt)*
Berufsausbildung:	*19.. bis 19..: Ausbildung zum Tischler bei Span & Söhne, Köln*
Weiterbildung:	*19.. bis 19..: Abitur am Abendgymnasium Werlte*
Berufspraxis:	*19.. bis 19..: Weiterbeschäftigung bei Span & Söhne, Köln*
Sonstiges:	*19..: Meisterprüfung erfolgreich bestanden*

Hürth, 30. März 1997
(handschriftliche Unterschrift)

re bei, die schon auf einem anderen Schreibtisch lagen. Ihr Lebenslauf sollte das Datum des Anschreibens, also des aktuellen Tages, tragen. Er ist – im Gegensatz zu beigelegten Zeugnissen und anderen Nachweisen – immer ein Original und keine Kopie, die Sie im Schreibwarenladen gemacht haben.

Inhaltlich verzichten Sie auf Tages- und Monatsangaben Ihrer Schulzeit, Jahreszahlen reichen völlig aus (es ist egal, ob Sie am 3. Juli oder am 1. August eingeschult wurden, wen bitte soll das interessieren?). Verzichten Sie auch auf Angaben zu Ihren Eltern; das war zwar früher mal so üblich, hat heute aber keine Bedeutung mehr. Genauso wie genauere Angaben zu Ihrer Familie: Ihr Familienstand (ledig, verheiratet, Kinder, wie viele?) ist das einzige, was in Ihrem Lebenslauf stehen soll. Auch Hobbys und Vereinstätigkeiten lassen Sie bitte außen vor – solange sie nichts mit dem Job zu tun haben. Falls Sie also in Ihrer Freizeit begeisterter Restaurator alter Klaviere sind und sich bei einem Musikhaus bewerben, sollten Sie das erwähnen. Daß Sie daneben aber noch den ersten Platz beim Tennisturnier des TV Nirgendwo belegt haben, tut nichts zur Sache. Vergessen Sie es also einfach.

Was Sie – um zum Schluß zu kommen – nicht vergessen sollten, ist Ihre handschriftliche Unterschrift unter dem Lebenslauf, denn die gehört unbedingt dazu.

Das Foto:

Überzeugen Sie mit einem guten Bild!

Über Bewerbungsfotos ist schon viel geschrieben worden: Vor allem über solche, die den Bewerber privat im Kreise seiner Lieben zeigen oder am Strand von El Arenal auf Mallorca. Wenn Sie ein solches Foto schicken, da sind sich alle einig, hätten Sie sich noch was sparen können: das Briefporto. Soviel dazu.

Das Foto ist ein wichtiger, ja ein sehr wichtiger Bestandteil Ihrer Bewerbung, schließlich stellt die Firma einen *Menschen* ein, und da will man natürlich schon mal vorab sehen, ob dieser Mensch optisch überhaupt zu den anderen Menschen im Unternehmen paßt. Es geht für Sie also darum, einen möglichst guten Eindruck auf und mit Ihrem Foto zu hinterlassen. Das Gelingen dieses Vorhabens hängt von mehreren Faktoren ab: zum einen von der Qualität des Bildes (also auch des Fotografen), zum anderen von der Kleidung, die Sie tragen, und (nicht zuletzt) auch von Ihrem Gesichtsausdruck.

Besprechen wir einen Punkt nach dem anderen: zunächst die Fotoqualität. Gehen Sie nicht zum Paßbildautomaten am Bahnhof, sondern zu einem richtigen Fotografen. Es ist immer besser, ein Portraitfoto zu machen, von dem Sie sich dann kleine Abzüge herstellen lassen, als ein Sekundenschuß des Fotografen mit einer Polaroid-Paßbildkamera. Diese Bilder werden zumeist auch nicht besser als die am Bahnhof. Für ein gutes Portrait (ob farbig oder schwarzweiß, ist dabei egal bzw. Geschmackssache) legen Sie schon mal etwas mehr auf den

Tisch – unter hundert Mark läuft da wenig, plus Geld für die Abzüge, denn die kosten aufgrund des Rechtes am Bild, das der Fotograf für seine künstlerische Leistung besitzt, weitaus mehr als ein »normaler« Abzug von Ihren Urlaubsbildern! Doch das ist gut angelegtes Geld: Denn auf einem guten Bild kommen Sie auch gut rüber – was Ihre Einstellungschancen ganz klar erhöht.

Das angenehme Äußere eines Bewerbers ist in vielen anderen Branchen gar eine der Hauptvoraussetzungen für Einstellungen – zum Beispiel, wenn man mal zu den Dienstleistern rüberblinzelt. In Handwerk und Technik zählen zwar hauptsächlich andere, »handfestere« Dinge, aber auch hier achtet man – bewußt oder unbewußt – auf Bewerber, die sympathisch wirken (wer will schon mit einem Griesgram oder etwas ähnlichem zusammenarbeiten?). Achten Sie deshalb darauf, daß Sie freundlich gucken, wenn der Fotograf »Kuckuck« ruft (grinsen sollten Sie allerdings nicht). Sie tun sich selbst damit nicht weh – und vergrößern Ihre Chancen.
Und zu guter Letzt: Werfen Sie einen Blick auf Ihre Oberkörperbekleidung (mehr sieht man ja nicht auf dem Foto – darunter können Sie also tragen, was Sie wollen, und wenn es noch so verrückt ist): Als Handwerker oder praktischer Techniker dürfen Sie eigentlich tragen, was Ihnen beliebt, nur zu bunt sollte es der Wirkung halber nicht sein. Jedenfalls erwartet niemand von Ihnen ein weißes Hemd mit Krawatte. Anders bei leitenden Angestellten, wie zum Beispiel Ingenieuren oder Architekten, deren Arbeit am Reißbrett mit Bleistift, Papier und Computer stattfindet. Hier wird eine ähnliche Optik vorausgesetzt wie bei Angestellten in Dienstleistung, Handel, Industrie und Banken. Freiheiten haben nur diejenigen, die

sich »die Finger schmutzig« machen. Jeder sollte sich auf dem Foto (und beim späteren persönlichen Vorstellungsgespräch) so kleiden, wie er oder sie meint, daß es dem Arbeitsalltag und der Position entspricht.

Das Format Ihres Fotos sollte Paßbildgröße oder etwas mehr betragen, 10 × 15 Zentimeter sind die Grenze und empfehlen sich nur bei gutem (aber nicht überkandideltem!) Fotomaterial und in der Regel eher in anderen Berufsbereichen, wo die Optik mehr in die Bewerberqualifikation miteinbezogen wird als in Handwerk und Technik. Schicken Sie kein zu altes Foto (möglichst nicht älter als ein bis höchstens anderthalb Jahre), damit man Sie bei einem eventuellen Vorstellungsgespräch auch noch wiedererkennen kann! Kleben Sie das Bild rechts oben auf Ihren Lebenslauf, kleben ist besser als anheften, da das Foto auf diese Weise besser integriert ist und nicht so leicht verlorengehen kann. Vorsichtshalber schreiben Sie mit weichem, nicht durchdrückendem Bleistift noch Ihren Namen auf die Fotorückseite – so kann man Sie im Fall der Fälle wieder zuordnen!

Zeugnisse und andere Nachweise

Kommen wir zu den harten Fakten: Zeugnisse beweisen, was Sie bereits in Ihrem Beruf oder Ausbildung bzw. Studium geleistet haben – und sind das A und O jeder Bewerbung. Wenn Sie sich um einen Ausbildungsplatz bewerben, können Sie logischerweise noch keine Zeugnisse gesammelt haben,

außer dem von der Schule. Hier wird die Bedeutung des Anschreibens klar, denn aus dem Schulzeugnis lassen sich vielleicht ein oder zwei relevante Noten entnehmen, die von Bio und Chemie für angehende PTAs und MTAs, die von Physik, Mathe und Werken für angehende Techniker, Ingenieure und Architekten, und für einen Tischler wahrscheinlich hauptsächlich die Note in Werken. Wie groß Ihr Interesse an einem solchen Job ist und was Sie vielleicht schon neben der Schule gemacht haben, können Sie aber nur im Anschreiben beschreiben – in Ihren Zeugnissen taucht das nicht auf.
Für jemanden, der bereits eine Ausbildung, ein Studium und vielleicht auch Berufspraxis vorweisen kann, sieht das anders aus: Die hierbei erworbenen Beurteilungen spielen eine große Rolle in der Bewerbung. Zeugnisse sind: Schul-, Studien-, Arbeits- und Ausbildungszeugnisse, Weiterbildungsbescheinigungen, Fremdsprachen- und Computernachweise und so weiter. In bestimmten Fällen – zum Beispiel für Berufsanfänger – können Zeugnisse auch Arbeitsproben sein. Wenn man nach der Schule eine Ausbildung in einem handwerklichen Beruf oder auch ein Studium in Architektur oder im technischen Bereich an einer Hochschule bzw. Fachschule machen möchte, gehört häufig eine Arbeitsprobe dazu, und wenn es nur ein Stuhl ist, den man gebastelt hat (und der professionellen Ansprüchen genügt!). Natürlich können Sie einen Stuhl schlecht für vier Mark in einem Briefumschlag verschicken, deshalb dokumentieren Sie Ihre Arbeitsproben anhand von Fotos.

Grundsätzlich gilt: Die kleinsten praktischen Erfahrungen, die man als Einsteiger nachweisen kann, sind bereits wertvoll, auch wenn sie einem selbst vielleicht lächerlich vorkommen. Wer bereits Berufserfahrung hat, kann sein Können natürlich anhand von Zeugnissen nachweisen und darf deshalb auf Dokumentationen anhand von Arbeitsproben verzichten.

Für die Anordnung der Zeugnisse in Ihrer Bewerbung gilt: Das wichtigste kommt nach oben, direkt nach dem Lebenslauf. Dahinter dann die jeweils nächstwichtigen. Oftmals wird das sowieso einer chronologischen Ordnung entsprechen, aber nicht in jedem Fall. So ist das letzte Arbeitszeugnis oder das Ausbildungszeugnis immer noch wichtiger als eine Fortbildung, die Sie vielleicht zuletzt gemacht haben, die aber weniger bedeutsam ist. Gehen Sie deshalb nicht um jeden Preis chronologisch vor, auch wenn es oft empfohlen wird, sondern stellen Sie das nach vorne, was Sie für wirklich wichtig für die angestrebte Tätigkeit erachten.
Ihre Zeugnisse legen Sie logischerweise immer (!) als Kopie bei, auch dann, wenn Sie sich bei einem kleinen Betrieb, den Sie persönlich kennen, bewerben. Sie haben nur ein Original, und wenn das (aus welchen Gründen auch immer) verlorengeht oder beschädigt werden sollte, würden Sie einige Probleme bei der Wiederbeschaffung bekommen. Grundständige Zeugnisse wie das letzte Schulzeugnis oder das über die Ausbildung sind Pflicht, Zeugnisse über Weiterbildungen und Praktika können Sie beilegen, wenn sie für die Stelle relevant sind und Ihnen einen Vorteil bringen würden. Arbeitszeugnisse sollten Sie lückenlos präsentieren, denn für Lücken müssen Sie Rede und Antwort stehen. Allerdings macht es auch keinen Sinn, ein (warum auch immer) schlechtes Zeugnis zu verschicken; in einem solchen Fall müssen Sie geschickt taktieren.

Wenn Sie zum Beispiel bei drei Arbeitgebern beschäftigt waren und das Zeugnis des zweiten ist nicht so toll ausgefallen, machen Sie nicht den Fehler, das erste und dritte zu schicken. Die Lücke wird dann besonders auffallen. Es ist viel geschickter, in einem solchen Fall nur das aktuelle, dritte Zeugnis zu schicken – als Beispiel für Ihre letzte Tätigkeit. Die anderen zwei Jobs sind ja auch noch im Lebenslauf erwähnt. Auf diese Weise wird man nicht so schnell Verdacht schöpfen, auch wenn Personalbearbeiter sehr mißtrauische Menschen sind.

Es kann natürlich auch sein, daß man Ihnen versehentlich ein mieses Zeugnis ausgestellt hat, weil Ihr Beurteiler die spezielle Sprache der Personalbranche nicht kennt. In einem solchen Fall sollten Sie nicht zögern, ein neues Zeugnis anzufordern, schließlich geht es um Ihre Zukunft, und da haben Sie ein Anrecht auf ein richtiges Zeugnis. Werfen Sie also mal einen Blick auf die folgenden Beispiele von Doppelzüngigkeit deutscher Personalchefs:

> *… hatte Gelegenheit, die ihm übertragenen Aufgaben zu erledigen.* Im Klartext: Er hatte zwar Gelegenheit, hat sie aber nicht genutzt. Note 6. Ähnliches gilt für: *war immer mit Interesse bei der Sache*, oder *seinen Aufgaben widmete er sich mit Begeisterung* (leider ohne Können!).
>
> *… erledigte seine Arbeit ordentlich und ordnungsgemäß.* Soll heißen: Tat nur, was er unbedingt mußte.
>
> *… zeigte Fachwissen und ein gesundes Selbstvertrauen.* Heißt: Konnte wenig Fachwissen vorweisen, war dafür übersteigert selbstsicher.

... *war ein geselliger Mitarbeiter.* Feierte gerne während der Arbeitszeit, war Alkohol im Dienst nicht abgeneigt.

Wie verpacke ich meine Bewerbung?

Verschicken Sie Ihre Unterlagen nicht lose, einfach irgendwie in einen Brief gesteckt, sondern gebündelt und mit Konzept, schließlich wollen Sie, daß Ihre Bewerbung genauso hübsch und sauber auf dem Schreibtisch Ihres Ansprechpartners landet, wie sie den Ihren verlassen hat. Fassen Sie deshalb zunächst Ihre Unterlagen in einer Mappe oder einem Hefter zusammen – am besten eine aus dunkler, dezenter Pappe. Bei Kunststoff-Schnellheftern rate ich dazu, nicht die bunten Billigmodelle für eine Mark und etwas zu verwenden, sondern ebenfalls ein etwas besseres Teil. Oft empfiehlt sich auch eine feste (!) Klarsichthülle, die an der Seite geöffnet ist: Sie wirkt neutral und nicht billig, obwohl sie ziemlich preiswert ist.
Packen Sie das Ganze unbedingt *ungeknickt* in einen großen Umschlag mit festem Papprücken – so gehen Sie sicher, daß die Sachen den Transport heil überstehen, denn Bewerbungsunterlagen dürfen auf keinen Fall (!) geknickt werden. Wenn Sie Ihre Bewerbung so verpacken, kommt sie nicht nur ungeknickt, sondern auch trocken an (deshalb auch die Klarsichthülle bzw. Mappe), denn bei den deutschen Wetterverhältnissen kommt doch so manches ziemlich feucht aus den Briefkästen.

Wichtig ist nun noch, daß Sie Ihre Bewerbung richtig frankieren, eine Sendung, die unterfrankiert ist, wird von vie-

len Unternehmen gar nicht erst angenommen und geht postwendend an Sie zurück. Das kostet Sie Nerven, erneutes Porto und macht nicht unbedingt den besten Eindruck. Schicken Sie Ihre Bewerbung nicht als Einschreiben, sondern als normalen Großbrief. Ein Einschreiben kann – gerade bei kleineren (Familien-)Betrieben – nicht immer unproblematisch zugestellt werden, da ja jemand dafür unterschreiben muß, und manchmal ist eben gerade niemand da, zum Beispiel samstags. Dann muß der Empfänger sich das Schreiben eigenhändig bei der Post abholen, und wenn es sich nur um einen völlig ausgelasteten, kleinen Handwerksbetrieb mit vielleicht zwei Mitarbeitern handelt, fehlt dafür oft die Zeit, so daß Ihr Schreiben unter Umständen mehrere Tage nicht abgeholt werden kann.
Achten Sie darauf, daß Sie Ihre Bewerbung nicht zu lange nach der Stellenausschreibung verschicken oder noch liegenlassen. Werfen Sie sie frühzeitig (am besten in der Woche nach der Stellenanzeige) ein, dann kommen die Unterlagen auch rechtzeitig an.

Das Vorstellungsgespräch:

Wie Sie sich optimal darauf vorbereiten und sich richtig verhalten

Im Erfolgsfall werden Sie zwei bis vier Wochen, nachdem Sie Ihre Bewerbung verschickt haben, eine Einladung zu einem Vorstellungsgespräch bekommen: entweder schriftlich oder per Telefon. Der erste Schritt – Ihre schriftliche Bewerbung – war also ein Erfolg. Nun müssen Sie sich, nachdem Sie die Einladung freundlich bestätigt haben (per Telefon oder Fax), auf den zweiten Teil vorbereiten: Ihrem persönlichen Auftritt. Dafür sollten Sie sich zunächst noch einmal ins Gedächtnis rufen, wie Ihre schriftliche Kampagne aussah und was Sie damit aussagen wollten. Was Sie dort versprochen haben, müssen Sie nun auch »live« unter Beweis stellen!

Fachlich, optisch und von Ihrer Art her sollten Sie sich von Ihrer besten Seite zeigen. Denn Ihr Gegenüber achtet gleichermaßen darauf, ob ein Bewerber kompetent ist und angemessen gekleidet erscheint, wie auch darauf, ob die »Chemie« im Gespräch beider Seiten stimmt.

Beginnen wir zunächst mit der optischen Seite: Als Handwerker, Mechaniker oder Techniker brauchen Sie nicht piekfein in Anzug und Krawatte zum Vorstellungsgespräch zu kommen, denn man will keinen feinen Pinkel, sondern jemanden, der anpacken kann. Ziehen Sie Sachen an, die Ihnen selbst gefallen, und verzichten Sie auf die weißen Tennissocken. Die Socken sollten in etwa den gleichen Ton haben wie die Schuhe.

Für gehobene Positionen, die vielleicht ein Diplomingenieur bekleidet, empfiehlt sich hingegen schon eine etwas feinere Garderobe; es muß aber trotzdem nicht immer der Anzug sein, der vielleicht eigens für solche Anlässe im Schrank hängt, normalerweise reichen auch ein Jackett (darunter ein einfarbiges Hemd, evtl. auch ein guter Pullover) plus Cordhose oder Jeans aus, solange sie nicht abgescheuert oder aus der Abteilung des schlechten Geschmacks eines Kaufhauses stammen.

Frauen dürfen durchaus genauso auftreten – in Jeans, Bluse und Blazer. Die Zeiten, als es immer das feine Kostüm sein mußte, sind größtenteils vorbei. In Handwerk und Technik kommt hinzu, daß natürlich alle Optik nicht die Wichtigkeit der fachlichen Kompetenz erreicht, wie das hin und wieder in anderen Berufsfeldern der Fall ist.
Ein besonders gutes Beispiel sind auch die Programmierer und andere Computergenies: Hier zählt nur, was man kann. Klamotten sind völlig unwichtig. Ein guter Programmierer könnte wahrscheinlich zur Not im rosa Schlafanzug zum Bewerbungsgespräch kommen – und man würde das als natürliche Zerstreuung eines Genies werten.

Ein anderes Thema: Ihr Auftritt. Natürlich ist man nervös bei einem Bewerbungsgespräch. Egal, ob es um den Ausbildungsplatz bei der Autowerkstatt um die Ecke oder um den Job als Chefkonstrukteur bei VW geht. Versuchen Sie dennoch, keinen gehetzten, sondern einen freundlich-gelösten Eindruck zu machen. Dafür gibt es schon mal einige organisatorische Mindestvoraussetzungen: Sie sollten Ihren Hunger bereits zu Hause oder unterwegs gestillt haben (ein knurrender Magen unterhält sich nicht gerne) und auch kein gravierendes Blasenproblem mit sich herumtragen. Und Sie sollten genügend Zeit für die Reise einplanen – besser eine halbe Stunde zu früh als fünf Minuten zu spät! Wenn Sie den ganzen Weg nur daran denken, ob Sie es *vielleicht gerade noch* rechtzeitig schaffen, können Sie sich natürlich überhaupt nicht auf das folgende Gespräch einstellen.
Wenn Sie dann angekommen sind, erwidern Sie den Händedruck Ihres Gegenübers kräftig, aber ohne ein Verfahren wegen Körperverletzung zu riskieren, und versuchen Sie, in Gang

und Haltung einen aufgeweckten, nicht schlaffen Eindruck zu machen. Wenn Sie sich körperlich gutfühlen und sich auch in guter Stimmung befinden, werden Sie auch gut auf die Leute wirken und inhaltlich zu überzeugen wissen, das ist alles eine Frage der Einstellung!
Denken Sie positiv und lassen Sie keinen (unbegründeten) Horror vor einem Bewerbungsgespräch aufkommen. Schließlich will man dort auch etwas von Ihnen und denkt daran, Sie vielleicht als Arbeitskraft zu gewinnen – also haben Sie genausoviel in der Hand wie das Unternehmen. Denken Sie daran, daß sich in einer solchen Situation immer zwei gleichwertige Partner gegenübersitzen: Sie und der Unternehmensvertreter, und jeder will etwas vom anderen.
Wenn Sie nun noch überzeugend Ihre Inhalte (also Ihre Kampagne) vertreten, haben Sie die besten Karten.

Sie müssen auf folgendes achten: Ein Unternehmen – egal, ob Großkonzern oder Familienbetrieb – möchte Arbeitnehmer einstellen, die sich voll und ganz engagieren. Machen Sie also genau das bereits deutlich: Sagen Sie konkret, was Sie für das Unternehmen leisten wollen. Was Sie gut finden an dem Betrieb – welche Produkte oder welche Philosophie – und wo Sie dabei Ihren Platz sehen. Was Sie an Können und Erfahrung mitbringen, um in Ihrem Spezialbereich erfolgreich für den neuen Arbeitgeber tätig zu sein. Und sagen Sie auch, daß Sie Spaß haben an Ihrer Arbeit und daß Engagement deshalb selbstverständlich sei. Das ist es, was jeder Arbeitgeber sehen will: Fachwissen gepaart mit Interesse und Engagement.
Um überzeugend auftreten zu können, sollten Sie natürlich gut Bescheid wissen über Ihren potentiellen zukünftigen Arbeit-

geber. Informationen dazu haben Sie ja bereits im Vorfeld Ihrer Bewerbung eingeholt: Wenn es sich um die Apotheke um die Ecke oder den einzigen Tischler im Dorf handelt, sollten Sie ruhig schon mal dort gewesen sein. Bei mittleren oder großen Unternehmen schickt Ihnen das Sekretariat oder die PR-Abteilung gerne Infomaterial zu, und bei international operierenden Konzernen, wie etwa den großen Automobilherstellern, finden Sie zusätzlich noch im Buch- und Zeitschriftenhandel weitere Informationen.

Als Neueinsteiger sollten Sie sich auch an die Berufsfachverbände wenden, um sich Informationen über das gewünschte Berufsbild schicken zu lassen. Dort können Sie auch anfragen, wenn Sie wissen möchten, welche Summe Sie denn nun nennen sollen, wenn man Sie im Vorstellungsgespräch fragt: »An welches Gehalt denken Sie?« Die Antwort darauf sollten Sie logischerweise schon vor dem Gespräch wissen, denn es verrät eine große Unsicherheit, wenn Sie überlegen und rumdrucksen. Wenn Sie vorher wissen, was Sie in etwa verlangen dürfen, und sich Gedanken gemacht haben, was Sie mindestens haben müssen oder gerne haben wollen, können Sie im Gespräch eine klare Aussage machen.

Insgesamt sollten Sie darauf vorbereitet sein, daß Ihnen nie die Luft ausgeht: Egal, ob das Gespräch nun zwanzig Minuten oder anderthalb Stunden dauert.

Für einige Bewerber ist mit dem Vorstellungsgespräch noch längst nicht alles getan, auf sie warten noch aufwendige Tests. Das allerdings bezieht sich im Bereich Handwerk und Technik in der Hauptsache auf Hochschulabsolventen, die in Führungspositionen oder Trainee-Programme übernommen werden sollen. Der normale Handwerker, der einen Ausbildungsplatz sucht oder danach eine Stelle, oder auch die PTAs oder andere Berufe der mittleren technischen oder handwerklichen Laufbahn, haben derart aufwendige Auswahlverfahren nicht zu befürchten. Und auch Hochschulabsolventen – ob sie nun Diplomingenieure oder Informatiker oder was auch immer sind – werden nur von Großunternehmen auf diese Weise geprüft. Kleinbetriebe und Mittelständler können sich den Organisationsaufwand in der Regel nicht leisten, den derart aufwendige Testverfahren verursachen.
Für diejenigen, die es trotzdem erwischt, hier ein paar wohlmeinende Worte: Wer gut ist, braucht keinen Test zu fürchten – anderslautenden Horrormeldungen aus dem Freundes- und Bekanntenkreis sollten Sie nicht in jedem Fall Glauben schenken.

Das Assessment-Center ist auf jeden Fall das aufwendigste Auswahlverfahren: Hier absolvieren mehrere Bewerber (in der Regel zwischen fünf und zehn) ein ein- bis dreitägiges geschlossenes Seminar und werden von mehreren Testern und Betriebsmitarbeitern (Personalabteilung/Fachabteilungen) auf Herz und Nieren geprüft. Anhand von Einzelinterviews, Gruppendiskussionen, Rollenspielen, Vorträgen der einzelnen Bewerber, Arbeitsplatzsimulationen in Einzel- und Gruppenarbeit und so weiter wird festgestellt, welche Bewerber dem Arbeitsalltag am besten gewachsen sind – fachlich sowie von ihrer Persönlichkeit her. Die zu bewältigenden Aufgaben und Gespräche sind immer nah an die berufliche Tätigkeit angelehnt, so daß tatsächlich ein einigermaßen objektiver Eindruck möglich ist – was zudem dadurch gewährleistet ist, daß jeder Bewerber von mehreren Testern beobachtet wird, die gleichzeitig auch andere Bewerber testen.

Weniger aufwendig sind normale Tests, die eher nach traditionellen Verfahren ablaufen: Zumeist schriftlich, mit Fragen zur Person, bisherigen Tätigkeit, zu Kenntnissen und Fähigkeiten sowie einige Aufgaben aus den Bereichen Allgemeinbildung und Fachwissen, die gelöst werden müssen. Um solche Tests zu bestehen, brauchen Sie keinen der diversen Testknacker gelesen zu haben, die auf dem Buchmarkt angeboten werden, sondern lediglich gesunden Menschenverstand und das Fachwissen, das Sie sowieso für Ihren Job mitbringen müssen. Wer darauf angewiesen ist zu blenden, weil er nichts kann, sollte sich überlegen, ob es nicht besser wäre, seine Energie in das Füllen der eigenen Qualifikationslücken zu investieren.

Die Zeit des Wartens – und danach

Wenn Sie sich als Anwärter für eine Ausbildungsstelle beim örtlichen Apotheker oder einem kleinen Handwerksbetrieb vorstellen, kann es schon sein, daß Sie die Stelle direkt im Vorstellungsgespräch fest zugesichert bekommen. In aller Regel aber ist es so, daß Sie noch ein paar Tage bis Wochen auf das Ergebnis warten müssen, je aufwendiger das Einstellungsverfahren und je höher die Bewerberzahl, desto länger der Zeitraum des Wartens.

Fragen Sie innerhalb dieser Zeit bitte nicht nach, weder telefonisch noch persönlich: Sie wollen schließlich nicht nerven. Man wird Ihnen zu gegebener Zeit schon mitteilen, ob Sie die Auswahlprozedur erfolgreich überstanden haben und die gewünschte Stelle bekommen. Falls Sie ein Glückspilz sind, kann das schnell gehen, genausogut kann es aber auch viele gute Bewerbungen geben und Monate später passieren. Geben Sie die Hoffnung nie auf, solange Sie fachlich auf der Höhe sind (und auch Weiterbildungen machen) und sich, wie auf den vergangenen Seiten beschrieben, richtig bewerben, haben Sie jederzeit eine gute Chance unter Ihren Mitbewerbern.

Wenn Sie es geschafft haben, gilt für Ihren Start im neuen Unternehmen, daß Sie sich einen guten Einstand verschaffen. Fragen Sie, zum Beispiel, schon im Vorfeld einmal nach, wofür genau Sie eingeplant sind, wenn Sie anfangen, dann können Sie sich vorab darauf einstellen und stehen am ersten Tag nicht so verloren da. Seien Sie freundlich zu jedem im Unternehmen, aber machen Sie nicht von der ersten Minute an bei irgendwelchen Cliquen mit. Am Anfang ist Zeit zum

»Schnuppern«, und diese Gelegenheit sollten Sie auch ausnutzen, um Ihr Unternehmen und die Mitarbeiter kennenzulernen. »Nett und neutral bleiben« heißt das Zauberwort, nach dem Sie dabei verfahren sollten. Schauen Sie ruhig mal Ihren Mitarbeitern über die Schulter oder fragen Sie nach, wenn Ihnen etwas unklar erscheint – am Anfang ist das ganz normal, und man wird Ihnen in aller Regel gerne weiterhelfen (nach ein paar Wochen sollten Sie den Bogen aber langsam raushaben, denn wer dann noch fragt, läßt den Schluß zu, daß er mit der Tätigkeit überfordert sein könnte). Versuchen Sie, sowohl selbständig zu arbeiten, als auch teamfähig zu bleiben – beides ist heutzutage in den meisten Jobs, auch in Handwerk und Technik, untrennbar miteinander verbunden. Schon in kürzester Zeit werden Sie in Ihrem Unternehmen integriert sein und mit etwas Glück und netten Mitarbeitern eine hohe Zufriedenheit im Beruf erlangen. Dabei viel Erfolg!

Literaturtips

Wer sich über einzelne Berufsfelder informieren will, dem empfehle ich die Berufsinformationszentren der Arbeitsämter. Außerdem gibt es eine Sachbuch-Reihe, die sehr informativ über die verschiedenen Berufe berichtet:

Weichler, Kurt:

- Arbeitsfeld Medien – der Schlüssel zu den kommunikativen Berufen
- Arbeitsfeld Recht – der Schlüssel zu den juristischen Berufen
- Arbeitsfeld Kultur – der Schlüssel zu den kreativen Berufen
- Arbeitsfeld Wirtschaft – der Schlüssel zu den kaufmännischen Berufen
- Arbeitsfeld Computer – der Schlüssel zu den Computerberufen
- Arbeitsfeld Gesundheit – der Schlüssel zu den medizinischen Berufen
- Arbeitsfeld Umwelt – der Schlüssel zu den naturnahen Berufen

alle Rowohlt Taschenbuch, Reinbek 1988

Für Interessierte an Medien- und Kreativberufen:

Springer, Udo: *Kreative Berufe.* Knaur Taschenbuch, München 1996

Weitere empfehlenswerte Bewerbungsratgeber:

Kratz, Hans-Jürgen: *Handbuch Bewerbung*, Walhalla-Verlag, Berlin, Bonn, Regensburg, 4. Auflage 1995

Hepp, Martin: *Das Internet-Bewerbungsbuch*, mvg-Verlag, Landsberg 1996

Knaur

Start ins Berufsleben

(7748)

(7873)

(83024)

(82000)

(7930)

(7941)

Knaur

Ratgeber Beruf

(83010)

(83008)

(83009)

(83002)

(83012)

(83003)

Knaur

Ratgeber Beruf

(83004)

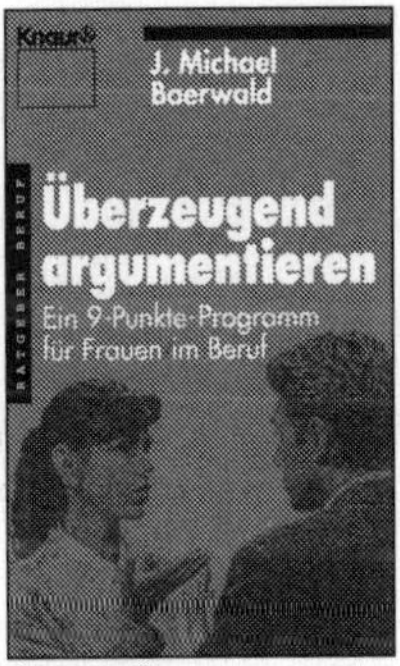

(83006)

(83011)

(83000)

(83001)

(83005)

Knaur

Job und Karriere

(83015)

(83021)

(83020)

(73024)

(83022)